Adoption - eine neue Lebensperspektive für das Kind?

Adoptivfamilien im Fokus

von

Ines Häbel

Tectum Verlag
Marburg 2005

Häbel, Ines:
Adoption - eine neue Lebensperspektive für das Kind?
Adoptivfamilien im Fokus.
/ von Ines Häbel
- Marburg : Tectum Verlag, 2005
ISBN 978-3-8288-8812-8

Tectum Verlag
Marburg 2005

Danksagung

Ich möchte diese Seite nutzen, um mich bei zu einigen Menschen zu bedanken, weil sie mir auf unterschiedliche Weise geholfen haben, diese Arbeit zu schreiben und zu veröffentlichen.

Ich danke den beteiligten Adoptionsvermittlungsstellen und den Vereinen für Adoptiv- und Pflegeeltern für ihre freundliche Mithilfe. Ebenso danke den Adoptivbewerbern, die sich an der Umfrage in diesem Buch beteiligt haben und mir dadurch ermöglichten die dringend notwendigen aktuellen Daten über zukünftige Adoptiveltern zu erheben. Ich hoffe, dass die gewonnen Ergebnisse auch anderen Interessierten hilfreich sein werden.

Besonderer Dank richtet sich an meine Schwägerin Dr. Claudia Schauerte, die mit ihrem Wissen und ihrem Interesse einen wesentlichen Teil zu dieser Arbeit beigetragen hat. Ihre Unterstützung und Motivation war eine wichtige Hilfe für die Entstehung dieses Buches.

Ein Dankeswort sei auch an meine Freunde und Familie gerichtet, die mir in vielerlei Hinsicht weitergeholfen haben.

Und zum Schluss möchte noch Tim Weindorf danken, dass er sowohl bei diesem Projekt als auch sonst immer mit guten Ratschlägen und viel Energie für mich da ist.

- Inhaltsverzeichnis -

Einleitung   9

1. Teil: Grundlagen der Adoptionsvermittlung   13

1.1   Einführung 13

1.2   Gesetzliche Grundlagen der Adoption nach dem

        Bürgerlichen Gesetzbuch.. 17

1.2.1   Das Wohl des Kindes 17

1.2.2   Das Eltern-Kind-Verhältnis 18

1.2.3   Die Adoptionspflege 21

1.2.4   Die notwendigen Einwilligungserklärungen 23

1.2.4.1 Die Einwilligung des Kindes 23

1.2.4.2 Die Einwilligung der leiblichen Eltern 25

1.2.4.3 Die Schutzfrist für die leibliche Mutter.................... 26

1.2.4.4 Die Einwilligung unter Einschränkungen 28

1.2.4.5 Die Ersetzung der Einwilligung der Eltern 29

1.2.4.6 Das Ruhen der elterlichen Sorge 31

1.2.5   Die Vollziehung der Adoption 32

1.2.5.1 Der Beschluss der Annahme als Kind 32

1.2.5.2 Die rechtliche Stellung des Kindes 32

1.2.6   Aufhebung des Annahmeverhältnisses 33

1.3   Die Adoptionsvermittlung – ein Arbeitsfeld für

        Sozialpädagogen.. 36

2. Teil: Die Adoptivbewerber – eine statistische Erhebung 47

2.1   Einleitung 47

2.2   Ergebnisse der Untersuchung 52

2.2.1   Demographische Verhältnisse der Adoptivbewerber.. 52

2.2.1.1 Altersunterschiede zwischen Adoptiv- und natürlichen Eltern.. 52

2.2.1.2 Schulbildung und Berufliche Situation 53

2.2.1.3 Partnerschaft 60

2.2.1.4 Freizeitgestaltung 63

2.2.1.5 Soziale und familiäre Kontakte 64

2.2.2   Motive für die Adoption eines Kindes 68

2.2.2.1 Der unerfüllte Kinderwunsch 68

2.2.2.2 Die Adoption aus humanitären Gründen 73

2.2.3   Vorstellungen und Wünsche zum Adoptivkind 75

2.2.4   Der Umgang mit der Adoptionsthematik innerhalb der Adoptivfamilie.. 79

2.2.4.1 Einstellungen der Adoptivbewerber zur Aufklärung des Kindes über den Adoptivstatus 79

2.2.4.2 Der Kontakt zu den leiblichen Eltern 80

2.2.5   Kindheitserlebnisse der Adoptiveltern in der Herkunftsfamilie 84

2.3   Fazit aus den gewonnen Ergebnissen 88

3. Teil: Die Adoptivfamilie – Gelingen und Scheitern des Adoptivverhältnisses 91

3.1.   Das Adoptivkind und seine Herkunftsfamilie 91

3.1.1   Die Schwangerschaft 91

3.1.2   Die leibliche Mutter im Entscheidungskonflikt 94

3.1.3   Der Aufenthalt des Adoptivkindes vor der Adoption   95

3.1.4   Der Familienstand der Eltern vor der Adoption 98

3.2   Das Leben in der Adoptivfamilie 101

3.2.1   Die Eingliederung des Kindes in die neue Familie 101

3.2.2   Gründe für ein Misslingen der Adoption 109

3.2.3   Die Aufklärung des Kindes über die Adoption 113

3.3   Der Familienroman und Identitätsfindung

3.3.1   Familienromanphantasien adoptierter und nicht-
         adoptierter Kinder 117

3.3.2   Der Identitätskonflikt adoptierter Jugendlicher 122

3.3.3   Psychiatrische Auffälligkeiten als Folge
         der Adoption? 126

4. Teil: Zusammenfassung 135

5.   Verzeichnisse 141

5.1.   Abbildungs- und Tabellenverzeichnis 142

5.2.   Literaturverzeichnis 143

Einleitung

In unserer heutigen modernen Gesellschaft nehmen Kinder und Familie im Vergleich zur traditionellen Gesellschaft einen anderen Stellenwert ein. Wurden früher Kinder noch als zusätzliche Arbeitskräfte für Haus und Hof, als finanzielle Versorgung im späterem Alter und als Erben für Namen und Besitztümer angesehen, so hat sich die Bedeutung von Kindern im Laufe der Jahre grundlegend verändert. Familienplanung, Schwangerschaft, Geburt und das Aufziehen eines eigenen Kindes werden heutzutage als Ausdruck der Liebe zum Partner, aber auch als Selbstverwirklichung, emotionale Bereicherung und persönliches Glück verstanden. Junge Paare entscheiden sich ganz bewusst für oder gegen ein Kind. Fällt die Entscheidung für ein Kind aus, so wird diese häufig zum Lebensziel und teilweise hartnäckig verfolgt.

Doch nicht jedem Paar ist die Erfüllung des Kinderwunsches auf natürliche Weise vergönnt. Für viele Paare stellt sich dann die Frage nach alternativen Möglichkeiten, um ihr wichtiges Ziel dennoch zu erreichen. Die heutige Medizin weist hierzu vielfältige Hilfen auf, die jedoch nicht in allen Fällen von Erfolg gekrönt sind. Für die meisten Paare bietet die Adoption eines Kindes den letzten Ausweg, um den Traum vom eigenen Kind und der eigenen Familie zu verwirklichen. Doch die Vorstellungen, Hoffnungen und Wünsche, die sich Adoptiveltern von ihrem Familienleben mit ihrem Adoptivkind machen, unterscheiden sich oft sehr von der Realität mit der sich Adoptivfamilien auseinandersetzen müssen.

Das Ziel dieser Arbeit ist es, einen Einblick in das Leben von Adoptivfamilien und deren spezifischen Konfliktpotenzial zu geben sowie die Unterschiede zu natürlichen Familien zu verdeutlichen. Dabei wird überlegt, ob die Adoption hauptsächlich den egoistischen Zielen von Adoptiveltern dient oder ob sie sich tatsächlich nur am gesetzlich festgelegten Wohl des Kindes orientiert. Es soll erforscht werden, inwieweit die Adoption einem Kind eine bessere Lebensperspektive bietet oder ob sie aufgrund fehlender biologischer Bande sowie natürlicher Gemeinsamkeiten und durch die daraus resultierenden Barrieren für die Entwicklung des Kindes möglicherweise eher hinderlich ist.

Im ersten Teil der Arbeit werden die rechtlichen Grundlagen der Annahme als Kind überwiegend nach dem Bürgerlichen Gesetzbuch beleuchtet. Diese geben Aufschluss über die vom Gesetzgeber verfolgten Ziele der Adoption und schaffen die Grundlagen für die Adoptionsvermittlung. Des Weiteren wird das Arbeitsfeld der Adoptionsvermittlung unter dem Aspekt der Sozialpädagogik genauer betrachtet. Dabei soll auf die Aufgaben und Eignungskriterien der sozialpädagogischen Fachkräfte eingegangen werden.

Eine eigens durchgeführte empirische Untersuchung von Adoptivbewerbern gibt im zweiten Kapitel Aufschlüsse über die demographische Einordnung von Adoptiveltern und deren Motivationen für eine Adoption. Die momentane Lebenssituation der

Adoptivbewerber soll erfasst werden, um Stärken und Schwächen für das zukünftige Adoptionsverhältnis zu verdeutlichen. Ebenso werden Wunschvorstellungen bezüglich bestimmter Merkmale des Adoptivkindes erforscht. Die Analyse der Studie soll begründen, ob und warum sich diese Adoptivbewerber für eine Adoption als geeignet herausstellen.

Im dritten Teil der Arbeit wird die Lebenssituation von Adoptivfamilien beschrieben. Dabei wird besonders auf den Sonderstatus, den Adoptivfamilien in der Gesellschaft einnehmen und die damit verbundenen Problemstellungen eingegangen. Es soll geklärt werden, warum Adoptivverhältnisse immer wieder scheitern und mit welchen Hilfen dagegen gearbeitet werden kann. Dem heranwachsenden Adoptivkind in seiner Familie kommt in diesem Kapitel eine zentrale Stellung zu, das in seinem Leben mit der Adoptivfamilie und dem Bewusstsein der doppelten Elternschaft viele Schwierigkeiten überwinden muss, um sich zu einem psychisch stabilen und individuellen Menschen zu entwickeln.

Im Schlussteil wird aus den gewonnenen Ergebnissen die Bilanz gezogen, inwieweit die Adoption als eine sinnvolle Maßnahme der Jugendhilfe bewertet werden kann und ob sie im Gesamtzusammenhang einem Kind im Vergleich zu anderen Jugendhilfemaßnahmen eine bessere Zukunft ermöglicht.

In der gesamten Arbeit wird ausschließlich von der klassischen Fremdadoption, durch ein kinderloses Ehepaar ausgegangen. Stiefkindadoptionen, bei der ein Lebensgefährte das Kind des

Partners adoptiert, oder Auslandsadoptionen finden hier keine Berücksichtigung.

1. Adoptionsvermittlung - Grundlagen

1.1 Einführung

Das Grundgesetz der Bundesrepublik Deutschland besagt, dass jeder Mensch „das Recht auf die freie Entfaltung seiner Persönlichkeit" hat (Art. 2). Der Staat als oberste Obhut hat somit die Pflicht dafür zu sorgen, dass dieses Recht bei allen Bürgern des deutschen Volkes gewährleistet ist. Dies bedeutet insbesondere für die Kinder, dass sie einen Anspruch auf das Aufwachsen in einer sozial intakten Umgebung haben, in der sie Liebe, Wärme und Fürsorge erleben, und dass sie das Recht auf Erziehung und auf Förderung ihrer Entwicklung zum eigenverantwortlichen und gemeinschaftsfähigen Menschen haben (§ 1 Abs. 1 SBG VIII).

Dieser Anspruch wird leider im Wandel der modernen Gesellschaft, der sich auch im Familienleben bemerkbar macht, nicht jedem Kind zuteil. Die Zahlen der Kinder aus sozial schwachen Familien, die gekennzeichnet sind durch Armut, Alkohol- oder sonstigen Substanzmissbrauch, Arbeitslosigkeit, physischer und psychischer Gewalt, steigt stetig an. Im Jahr 1999 lebten etwa 112.000 junge Menschen in Heimen oder sonstigen betreuten Wohnformen.[1] Zusätzlich waren ca. 50.000 Kinder und Jugend-

---

[1] Statistisches Bundesamt, November 2003,
http://www.destatis.de/presse/deutsch/pm2001/p4240082.htm

liche (bis zum 26. Lebensjahr) im Jahr 2000 in Pflegefamilien untergebracht.[2] Die meisten dieser Kinder durchlaufen viele verschiedene Jugendhilfe-Einrichtungen und Maßnahmen und haben in ihrem jungen Leben bereits sogenannte „Heimkarrieren" mit stetig wechselnden Bezugspersonen hinter sich, die sich auf die Entwicklung der Kinder auswirken können.

Um Kindern eine derartige Zukunft von Grund auf zu ersparen, sieht das Bundesverfassungsgericht die „Annahme als Kind" (wie die Adoption laut Bürgerlichen Gesetzbuch genannt wird) als Maßnahme der Jugendhilfe vor allen anderen Hilfen vor und weist mit dem § 36 Abs.1 SGB VIII auf die Prüfung der Adoptionseignung bei langfristiger Hilfe außerhalb der Familie durch die Sozialpädagogen/ Sozialarbeiter hin.[3] Kunkel[4] veranschaulicht diese Gegebenheit in der Aufstellung einer Rangordnung, die die Reihenfolge der zu leistenden Hilfen zur Erziehung darstellen soll:„ (1) Erziehung des Kindes durch seine leiblichen Eltern, (2) Annahme als Kind, (3) Hilfe zur Erziehung". Die Prüfung, ob ein Kind zur Adoption geeignet ist, sollte nicht nur am Anfang oder Ende einer langfristig geplanten Hilfeleistung bestehen, sondern auch währenddessen und ist als ein fortlaufender Prozess zu betrachten, welcher immer wieder auf neu überdacht werden muss (§ 37 Abs. 1 SGB VIII).[5]

---

[2] Statistisches Bundesamt, September 2003,
http://www.destatis.de/presse/deutsch/pm2002/zdw14.htm
[3] Paulitz, Harald, 2000: Gesetzlicher Auftrag der Adoptionsvermittlung - Elternlose Kinder suchen Adoptiveltern, in: Adoption, Positionen, Impulse, Perspektiven, S.1
[4] Kunkel, Peter-Christian, 2000: Adoption und Verwaltungsrecht - Adoptionsverfahren als Verwaltungsverfahren, in: Adoption, Positionen, Impulse, Perspektiven, S. 32
[5] ebd. S. 34

Leider wird der vom Gesetzgeber festgelegte Beschluss in der Praxis nur selten praktiziert, sodass die Zahl der durchgeführten Adoptionen in Deutschland immer noch verhältnismäßig gering ist und eine sinkende Tendenz aufweist. Im Jahr 2001 wurden gerade einmal 5909 Kinder adoptiert. Im Jahr 1992 war diese Zahl mit 8403 Adoptionen noch weitaus höher angesiedelt.[6] Dabei wäre anzunehmen, dass der Staat schon allein aus finanziellen Gründen an einer Steigerung der Adoptionsrate interessiert ist, da so immerhin teure Unterbringungen, wie Heimaufenthalte und Pflegefamilien, durch die Vermittlung an eine Adoptivfamilie eingespart werden könnten. Von den 5909 Adoptionen im Jahr 2001 waren insgesamt nur 2226 Fremdadoptionen, also Adoptionen im klassischen Sinne. Der restliche Teil der Kinder wurde von einem Stiefelternteil oder von Verwandten adoptiert. Dies bestätigt, dass die Adoption als Jugendhilfemaßnahme anscheinend nur geringes Interesse findet, obwohl die Zahl der adoptionswilligen Paare steigt.

Ein nicht zu vernachlässigender Grund dafür ist, dass die meisten Adoptivbewerber Kinder im Säuglings- oder Kleinkindalter adoptieren möchten. Aufgrund der sinkenden Geburtenrate in den westlichen Industrieländern stehen jedoch Kinder in diesem Alter nur selten zur Vermittlung zur Verfügung, während sich die vermittelbaren älteren Kinder in den Heimen und Pflegefamilien häufen.[7] Dennoch ist es unerlässlich auch älteren oder behinderten Kindern die Möglichkeit zu schaffen, in einer intakten Fa-

---

[6] Email-Auskunft vom Bundesamt für Statistik, September 2003

milie aufzuwachsen und diese an geeignete Adoptivbewerber zu vermitteln. Dabei fehlt es nicht an genügend Adoptivbewerbern. Zur Zeit kommen auf ein Adoptivkind etwa 14 mögliche Adoptivbewerber.[8] Hier ist es Aufgabe der Adoptionsvermittlungsstellen Aufklärungsarbeit und ausreichende Beratung zu leisten, um den Adoptivbewerbern die Scheu vor der Adoption sozial benachteiligter Kinder zu nehmen.

Der Ablauf der Adoption wird durch verschiedene Gesetze geregelt. Die Annahme als Kind ist im familienrechtlichen Teil des Bürgerlichen Gesetzbuches festgelegt. Daneben spielen das Adoptionsvermittlungsgesetz und das Kinder- und Jugendhilfegesetz bzw. das SGB VIII eine entscheidende Rolle. In diesem ersten Kapitel wird jedoch der Schwerpunkt auf die Regelungen des BGB gesetzt, sodass die anderen Gesetze nur am Rande Erwähnung finden.

---

[7] Paulitz, 2000, S. 2
[8] Email-Auskunft vom Bundesamt für Statistik, September 2003

1.2 Gesetzliche Grundlagen der Adoption nach dem Bürgerlichen Gesetzbuch

1.2.1 Das Wohl des Kindes

Das Adoptionsrecht in Deutschland unterlag im Laufe der Jahre einem großen Wandel. Standen in früheren Zeiten eher die Belange und Wünsche der Adoptiveltern im Vordergrund, welche mit der Adoption eines Kindes ihren Namen und ihr Erbe weitergeben wollten, so wurde das Adoptivrecht im Jahr 1977 grundlegend zu Gunsten des Kindeswohls (§ 1697a BGB) geändert.[9] Seitdem ist eine Adoption nur dann zulässig, wenn sie ausschließlich dem Wohl des Kindes dient (§ 1741 Abs. 1). Der Gesetzgeber beabsichtigt damit, Kindern, deren Eltern nicht in der Lage sind sie nach § 1627 BGB zu erziehen, Lebensbedingungen zu ermöglichen, die der Charakter- und Persönlichkeitsbildung dienlich sind und in denen sie Liebe, Geborgenheit und Kontinuität erfahren. Es sollte nicht mehr „für sie (die Eltern) ein Kind, sondern für Kinder Eltern gesucht werden".[10]

Des Weiteren bestand eines der Hauptziele der Reform darin, die vielen Kinder, die zu diesem Zeitpunkt in Heimen untergebracht

---

[9] Bach, Rolf P., 2000: Adoption und Verwaltungsrecht - Reformbedarf im Adoptionswesen, in: Adoption, Positionen, Impulse, Perspektiven, S. 42 ff
[10] Jugendamt der Stadt Dortmund, 1999: Informationsbroschüre: Adoption – Annahme als Kind, S. 3

waren, an Adoptivfamilien zu vermitteln.[11] Zu diesem Zweck wurden die *Zentralen Adoptionsvermittlungsstellen* eingerichtet, dessen heutige Aufgabe ähnlich wie bei der Gründung darin besteht, nach § 12 des AdVermiG in Zusammenarbeit mit der Heimaufsicht zu prüfen, welche Kinder für eine Adoption geeignet sind.[12] Zusätzlich bestehen ihre Aufgaben in der Vermittlung der schwer vermittelbaren wie beispielsweise der älteren, verhaltensauffälligen und behinderten Kinder, die von den regionalen Vermittlungsstellen nicht vermittelt werden können.

1.2.2 Das Eltern-Kind-Verhältnis

Ein wichtiger Grundsatz für eine gelungene Adoption ist die Entstehung des Eltern-Kind-Verhältnisses (§ 1741 Abs. 1 BGB), das dem einer leiblichen bzw. natürlichen Familie entsprechen sollte. Deshalb können Ehepaare ein Kind auch nur gemeinschaftlich annehmen (§ 1741 Abs. 2 BGB), um dem Kind eine vollständige Familie mit Vater und Mutter zu ermöglichen.

In diesem Fall sind besonders die Fachkräfte (Sozialpädagogen/ Sozialarbeiter) der zuständigen Adoptionsvermittlungsstellen (§ 2 AdVermiG) gefragt, denn diese sind dazu verpflichtet elternlose

---

[11] Ob dies nun nur zum Wohl des Kindes geschah, bzw. geschieht oder ob der Staat hierin eine Möglichkeit sah, durch die Adoption die teuren Heimunterbringungskosten zu sparen, bleibt an dieser Stelle unbeantwortet

[12] Baer, Ingrid, 2000: Gesetzlicher Auftrag der Adoptionsvermittlung - Historischer Abriss, in: Adoption, Positionen, Impulse, Perspektiven, S. 21

Kinder bei bekannt werden der Adoptionseignung (§ 7 Abs. 1 AdVermiG) in eine passende Familie zu vermitteln. Die Fachkräfte tragen dabei in ihrer Auswahl der Adoptivbewerber und der Entscheidung, das Kind bei einer neuen Familie zu platzieren, eine große Verantwortung. Eine angemessene Vor- und Nachbereitungszeit, im Sinne einer Betreuung und Beratung ist daher von großer Bedeutung und wird sogar gesetzlich verlangt (§ 9 Abs. 1 AdVermiG). Dies ist nicht nur für die Adoptivbewerber sehr hilfreich, sondern auch für die Fachkräfte, um möglichst viele Fakten zu sammeln, die sie für eine fundierte Entscheidung benötigen.

Der stete Austausch mit anderen Adoptivbewerbern oder -familien kann vor allem für die zukünftigen Adoptiveltern eine Entlastung für ihr plötzlich entstehendes Familienleben sein und zu einem Gelingen des Adoptionsverhältnisses beitragen. Mittlerweile gibt es eine Reihe von Vereinen und Selbsthilfegruppen für Adoptiv- und Pflegeeltern, die in engen Kontakt mit den Adoptionsvermittlungsstellen oder den Jugendämtern stehen und an welche die werdenden Adoptiveltern weitergeleitet werden sollten. Außerdem signalisieren die Adoptivbewerber damit die ihr Engagement und ihre Bereitschaft, sich mit der Adoptionsthematik zu beschäftigen, um sich angemessen auf die Adoption vorzubereiten, was sich unter Umständen positiv auf das Bewerbungsverfahren auswirken kann.

Weiterhin ist zur Schaffung eines Eltern-Kind-Verhältnisses auch das Alter der zukünftigen Eltern entscheidend. Der Gesetzgeber sieht dafür ein Mindestalter von 21 Jahren des einen Ehegatten und ein Alter von 25 Jahren des anderen Partners (§ 1743 BGB) vor, mit der Begründung, dass von den Ehepaaren ein gewisses Maß an menschlicher und sozialer Reife gefordert wird, um den hohen Anforderungen, die mit einer Adoption verbunden sind, gerecht zu werden. Nach oben wurde allerdings keine Altersgrenze festgelegt, sodass auch hier die Fachkraft entscheiden muss, ob der Altersabstand zwischen Adoptiveltern und Kind akzeptabel ist. Dieser sollte in der Regel dem einer natürlichen Familie gleichkommen.[13]

Eine genauere Einordnung, was nun dem Altersabstand einer biologischen Familie entspricht, gestaltet sich jedoch recht problematisch, da Mütter und Väter heutzutage bei der Geburt ihres ersten Kindes älter sind, als dies noch vor etwa 20-30 Jahren der Fall war. Längere Ausbildungszeiten, die Möglichkeit der bewussten Familienplanung und weitere Einflüsse der modernen Gesellschaft sorgen für ein höheres Durchschnittsalter der Eltern. Dementsprechend ist es auch für ältere Ehepaare möglich ein Kind im Säuglings- oder Kleinkindalter zu adoptieren. Der Entscheidungsspielraum obliegt der Fachkraft. Dennoch werden Bewerber, die älter als 35 Jahre sind, in der Adoptionsvermittlungspraxis eher darauf verwiesen, ein älteres Kind zu adoptieren, damit die Säuglinge und Kleinkinder an junge Paare vermittelt werden können.[14]

---

[13] Oberloskamp, Helga, 2000: Wir werden Adoptiv- oder Pflegeeltern, S.112

1.2.3 Die Adoptionspflege

Zur Eingewöhnung und Integration des Kindes in seine neue Familie müssen die Adoptivbewerber mit dem Kind nach § 1744 BGB eine „angemessene" Zeit in einem Pflegeverhältnis zusammen gelebt haben, bevor die Annahme als Kind ausgesprochen werden kann. In dieser Zeit soll zwischen dem Kind und den Eltern eine soziale Bindung entstehen, die die Prognose zulässt, dass sich daraus ein Eltern-Kind-Verhältnis entwickeln wird.

Bei der Adoptionspflegezeit handelt es sich allerdings nicht, wie es häufig fälschlicherweise angenommen wird, um eine Probezeit. Zwar wird sie selbst im Gesetzestext missverständlich als „Probezeit vor der Annahme" (§ 1744 BGB) bezeichnet, allerdings beginnt das Pflegeverhältnis erst dann, wenn sich die Bewerber für das Kind als geeignet herausstellen und tatsächlich eine Adoption in dieser Konstellation angestrebt wird (§ 8 AdVermiG).[15]

Über den Zeitraum der Pflegezeit macht der Gesetzgeber weder im Bürgerlichen Gesetzbuch noch im Adoptionsvermittlungsgesetz eindeutige Angaben. Die Fachkraft entscheidet hier wiederum nach eigenem Ermessen über Länge und Dauer der Adoptionspflegezeit. Die unklaren Aussagen des Gesetzgebers geben Anlass zu ständigen Diskussionen. Einerseits soll die Pflegezeit sowohl das Kind als auch die Adoptiveltern vor einer Fehlentscheidung schützen, denn die Adoptiveltern neigen dazu, das

---

[14] Jugendamt der Stadt Dortmund, 1999, S. 10

Adoptionsverfahren möglichst schnell beenden zu wollen, um eine rechtliche Absicherung zu erreichen und um ein normales Familienleben führen zu können.[16] Dabei ist zu bedenken, dass der gesamte Adoptionsprozess sehr langwierig ist und die Bewerber zuweilen schon sehr lange Zeit auf ein Kind warten, sodass sie, beinahe schon verständlicherweise, oft zu schnell und unüberlegt reagieren.

Andererseits kann die Pflegezeit aber auch eine starke psychische Belastung für die Adoptiveltern darstellen.[17] Die Adoptiveltern leben während der regelmäßigen Hausbesuche des Jugendamtes, die in dieser Zeit von der Adoptionsfachkraft abzustatten sind, in der steten Angst, dass ihnen das Kind doch noch weggenommen werden könnte und sie somit vielleicht keine zweite Chance auf ein anderes Adoptivkind haben könnten.[18] Aus diesem Grund wäre zumindest ein zeitlicher Rahmen, der die Adoptionspflegezeit regelt, als sinnvoll zu betrachten.

Die Bundesarbeitsgemeinschaft der Landesjugendämter[19] hält in diesem Zusammenhang in ihren Empfehlungen eine Adoptionspflegezeit unter einem Jahr für unangemessen. Auch Bach[20] fordert, diese auf mindestens ein Jahr gesetzlich festzulegen, damit zum Einen die Eltern vor übereilten Entscheidungen bewahrt werden und zum Anderen, die Fachkräfte durch den fest-

---

[15] Röchling, Walter, 2000: Adoption, S. 28; Jugendamt der Stadt Dortmund, 1999, S. 6

[16] Bach, 2000, S. 61

[17] Hennig, Claudia, 1994: Adoption: Problem oder pädagogische Chance, S. 107

[18] Textor, Martin R., 1993: Inlandsadoptionen: Herkunft, Familienverhältnisse und Entwicklung der Adoptivkinder, in: Adoption: Grundlagen, Vermittlung, Nachbetreuung, Beratung, S. 44 ff

[19] Bundesarbeitsgemeinschaft der Landesjugendämter, Oktober 2003, http://www.bagljae/Stellungnahmen/AdoptionsEmpfehlungen.pdf, Köln, S. 22

[20] Bach, 2000, S. 61

gesetzten Rahmen des Pflegeverhältnisses über einen geringeren subjektiven Entscheidungsspielraum verfügen.

1.2.4 Die notwendigen Einwilligungserklärungen

1.2.4.1 Die Einwilligung des Kindes

Das Kinder- und Jugendhilfegesetz bestimmt im § 8 Abs. 1 die Beteiligung von Kindern und Jugendlichen an allen sie selbst betreffenden Entscheidungen, die von der öffentlichen Jugendhilfe angestrebt werden. Folglich ist für eine Adoption auch immer die Einwilligung des Kindes erforderlich (§ 1746 BGB), um die Interessen des Kindes zu wahren. Ist das Kind noch geschäftsunfähig oder hat es noch nicht das 14. Lebensjahr vollendet, so kann nur der gesetzliche Vertreter des Kindes, welcher nicht zwangsläufig ein Elternteil sein muss, die Einwilligung zur Annahme erteilen.[21] Wurde jedoch das 14. Lebensjahr bereits überschritten und ist das Kind, bzw. der Jugendliche geschäftsfähig, so wird die Einwilligung in die Adoption von ihm selbst erteilt. Zusätzlich bedarf es der Zustimmung des gesetzlichen Vertreters.

Haben die Eltern die Rolle des gesetzlichen Vertreters inne, so kann bei einer Verweigerung der Einwilligungserklärung das Sor-

---

[21] Oberloskamp, 2000, S. 118 ff

gerecht nach § 1666 a BGB entzogen und somit ein Pfleger ein-
gesetzt werden, der dann zum Wohl des Kindes entscheidet.[22] Ist
für das Kind bereits ein Vormund oder Pfleger bestellt und wie-
gert sich dieser eine Zustimmung in die Annahme als Kind zu
erteilen, kann die Einwilligung durch das Vormundschaftsgericht
ersetzt werden (§ 1746 Abs. 3 BGB).

Der Wille des Kindes steht in jeder Adoption im Vordergrund.
Die Einwilligung des Kindes in die Adoption ist nicht durch
andere Instanzen ersetzbar. Einzig das Kind (vorausgesetzt es ist
14 Jahre alt und geschäftsfähig) kann seine Einwilligung bis zum
Ausspruch der Annahme widerrufen (§ 1746 Abs. 2 BGB). Dieser Widerruf ist maßgeblich und bedarf auch nicht der Zustimmung des gesetzlichen Vertreters.[23] Ist das Kind mit seiner Adoption nicht einverstanden und will es in diese nicht einwilligen, so
müssen alle Beteiligten diese Entscheidung akzeptieren und die
Adoption darf nicht ausgesprochen werden.[24]

Zur genauen Abklärung bedarf es deshalb, unabhängig vom Alter
des Kindes, einer gerichtlichen Anhörung des Kindes vor dem
Vormundschaftsgericht. Hier soll dem Kind unter anderem das
sogenannte rechtliche Gehör (§ 103 Abs. 1 GG) gestattet werden,
um die Interessen, Neigungen und Wünsche des Kindes zu er-
mitteln.[25]

---

[22] ebd. S. 119
[23] Röchling, 2000, S. 52
[24] Oberloskamp, Helga, 1993: Das deutsche Adoptionsrecht: seine geschichtliche Entwicklung und seine gegenwärtige Ausgestaltung, in: Adoption: Grundlagen, Vermittlung, Nachbetreuung, Beratung, S. 18 ff
[25] Röchling, 2000, S. 53 ff und S. 103

1.2.4.2 Die Einwilligung der leiblichen Eltern

Seit der Kindschaftsrechtsreform 1991 wird für eine Adoption nicht mehr nur die Einwilligung der Mutter verlangt, sondern auch die des Vaters, gleichwohl die Eltern verheiratet, geschieden oder ledig sind und wem das Sorgerecht zugeteilt ist (§ 1747 Abs. 1, 3 BGB). Allerdings wird bei der Frage nach dem leiblichen Vater des Kindes dieser von den Müttern überwiegend als unbekannt angegeben. Vielfach liegen dem Jugendamt keinerlei Informationen über die Väter vor, sodass sie meist gar nicht erst aktenkundig werden.[26] Dafür gibt es mehrere Gründe:

- der Vater war nur eine Zufallsbekanntschaft, zu der die Mutter keinen Kontakt mehr hat,

- die Mutter ist aufgrund einer Vergewaltigung oder durch Inzest schwanger geworden,

- die Mutter kennt den Vater zwar, will aber aus verschiedenen Gründen nicht, dass dieser bekannt wird.

Das Gesetz sieht in dem Fall eines unbekannten Elternteils oder wenn einer der beiden Elternteile zu einer Erklärung dauernd außerstande ist, von einer Einwilligungserklärung ab (§ 1747 Abs. 4 BGB).

Sind den ledigen oder geschiedenen Müttern die Väter jedoch bekannt, so erteilen diese ihre Erklärung meist sehr bereitwillig. Viele Kindsväter drängen die Mütter sogar zur Adoptionsfreigabe des Kindes, da sie nur eine geringe bzw. keine emotionale Bin-

---

[26] Hennig, 1994, S. 82

dung zum Kind haben oder haben wollen und sie außerdem von der Unterhaltspflicht befreit sind.[27]

1.2.4.3 Die Schutzfrist für die leibliche Mutter

Zum Schutz der leiblichen Mutter kann eine Einwilligung in die Annahme als Kind erst dann erteilt werden, wenn das Kind acht Wochen alt ist (§ 1747 Abs. 2 BGB). Die Überlegung zu dieser Regelung war, dass sich die Mutter oft in einem psychischen Zwiespalt befindet, der häufig auch nach der Geburt noch bestehen bleibt. Größtenteils sind die Mütter noch sehr jung, leben in ungeregelten sozialen und finanziellen Verhältnissen und befinden sich in einer emotionalen Notlage.[28] In ihren sozialen Kontakten und in der Familie erfahren sie nur wenig oder gar keine Unterstützung, sodass sie mit der ungewollten Schwangerschaft und ihren Problemen allein dastehen.

Haben sich die Mütter gegen eine Abtreibung und für die Austragung des Kindes mit einer nachfolgenden Freigabe zur Adoption entschieden, so soll den Müttern noch eine gewisse Zeitspanne zur Überlegung und Absicherung ihrer Entscheidung gewährt werden. Während der Austragung und Geburt eines Kindes erleben Mütter oft ein wahres Durcheinander der Gefühle, die so überwältigend sein können, wodurch sie doch noch innere

---

[27] Hennig, 1994, S. 83

Kräfte mobilisieren, um ihr Kind selber aufziehen. Schon mehrfach haben sich Mütter innerhalb dieser acht Wochen noch anders entschieden und ihre Einwilligung nicht erteilt.[29]

Der Acht-Wochen-Frist gegenüber stehen indes die Interessen der Adoptivbewerber, die das freigegebene Kind möglichst früh nach der Geburt adoptieren möchten, um als neue Eltern eine möglichst enge Bindung herstellen zu können, welche sich besonders in den ersten Lebensmonaten entwickelt. Verschiedene wissenschaftliche Erkenntnisse aus dem psychologischen und medizinischen Bereich belegen, dass sich Bindungen bei Säuglingen an bestimmte Bezugspersonen zwischen dem zweiten und dritten Lebensmonat entwickeln, also kurz nach diesen acht Wochen.[30] Eine Trennung über die ersten 3 Lebensmonate hinaus erlebt das Kind immer als elementaren Verlust und stört den Aufbau einer neuen Bindung bzw. Beziehung zu einer anderen Bezugsperson. Der Gesetzgeber hat diese Erkenntnisse in seinen Gesetzgebungen berücksichtigt und daher die Schutzfrist auf acht Wochen festgesetzt (§ 1747 Abs. 2 BGB), um durch diese relativ kurze Frist größeren Schaden von dem Kind abzuwenden.

---

[28] ebd., S. 84
[29] Jugendamt der Stadt Dortmund, 1999, S. 6
[30] Bundesverband der Pflege- und Adoptiveltern, 1997: Handbuch für Pflege- und Adoptiveltern: pädagogische, psychologische und rechtliche Fragen des Adoptions- und Pflegekinderwesens – Informationen von A-Z, S. 130

1.2.4.4 Die Einwilligung unter Einschränkungen

Wurde nach Einhaltung der Schutzfrist eine Einwilligung der leiblichen Eltern in die Adoption erteilt, so ist sie auch dann wirksam, wenn die Einwilligenden die Annehmenden nicht kennen (§ 1747 Abs. 2 BGB). Ein Widerruf in die Einwilligung ist diesbezüglich nicht möglich. Dadurch beinhaltet dieser Paragraph indirekt auch die Zulassung der Inkognito-Adoption, die in der Praxis immer noch am häufigsten Anwendung findet.[31]

Inkognito-Adoption meint, dass den leiblichen Eltern die neuen Adoptiveltern des Kindes und dessen Aufenthalt vollkommen unbekannt sind und sie nur wenige Informationen über diese erhalten. Auch ein gelegentlicher Kontakt zwischen biologischen Eltern und der Adoptivfamilie in Form von Telefonaten, Briefen und Besuchen, wie bei offenen oder halb-offenen Adoptionen, kommt bei einer Inkognito-Adoption nicht zustande. Dennoch dürfen die leiblichen Eltern Wünsche an die zukünftigen Adoptiveltern wie beispielsweise ihre Konfession, gesellschaftliche Stellung etc. äußern und dadurch einen bestimmten Personenkreis festlegen.[32] Dies ist für die leiblichen Eltern sehr wichtig, um für sich die Gewissheit zu erlangen, dass ihr Kind unter den Bedingungen aufwächst, die sie ihm selber nicht ermöglichen konnten.

---

[31] Oberloskamp, 2000, S. 134

1.2.4.5 Die Ersetzung der Einwilligung der Eltern

Bisher wurde von der freiwilligen Einwilligung der leiblichen Eltern in die Adoption ausgegangen. Leider gibt es aber auch immer wieder Fälle, in denen Eltern ihrem Erziehungsauftrag nicht gerecht werden und damit eine Gefährdung des Kindeswohls bewirken (§ 1666 BGB). In aller Regel wird ihnen dann das Sorgerecht teilweise oder ganz entzogen (§ 1666a BGB). Ist die Sorgerechtsverletzung jedoch von einem derart starken Ausmaß, dass ein Unterbleiben der Adoption einen unverhältnismäßigen Nachteil für das Kind nach sich ziehen würde, darf die Einwilligung der Eltern durch das Gericht ersetzt werden (§ 1748 BGB).

Des Weiteren beschreibt der Gesetzestext, dass eine Ersetzung der Einwilligung außerdem legitim und notwendig ist, wenn:

- eine anhaltende, über einen längeren Zeitraum bestehende gröbliche Verletzung dem Kind gegenüber vorliegt, dessen Ausmaß an körperlicher, geistiger und seelischer Verletzung derart groß ist, dass mit ihr eine erhebliche Schädigung des Kindeswohls einhergeht (§ 1666 Abs. 1 BGB),[33]
- die Pflichtverletzung zwar nicht anhaltend, aber von besonders schwerer Art ist, dass eine objektive Gefahr für das Kind damit verbunden ist (§1748 Abs. 1 BGB). Dies ist beispielsweise der Fall, wenn Kinder von ihren Eltern kör-

---

[32] ebd. S. 135, 136; Jugendamt der Stadt Dortmund, 1999, S. 7
[33] Röchling, 2000, S. 66 ff

perlich und seelisch misshandelt wurden oder wenn sexueller Missbrauch durch die Eltern vorliegt,[34]

- auf Seiten der Eltern eine schwere psychische Krankheit oder geistige Behinderung nachzuweisen ist, sodass sie ichren Erziehungspflichten nicht nachkommen können (§ 1748 Abs. 3 BGB),

- die Eltern sich dem Kind gegenüber gleichgültig verhalten und es schwer vernachlässigen (§ 1748 Abs. 2 BGB). Als gleichgültiges Verhalten wird angesehen, wenn Eltern jeglichen Kontakt zu ihren im Heim oder bei Pflegeeltern aufwachsenden Kind abbrechen und sie während dieser Zeit nicht besuchen.[35] Vorraussetzung für diesen Ersetzungsgrund ist jedoch, dass die Eltern nach § 51 SGB VIII über die Möglichkeit der Ersetzung vom Jugendamt belehrt wurden und dass eine Beratung über mögliche Hilfen zur Erziehung stattgefunden hat. Die Ersetzung kann erst drei Monate nach der Belehrung erfolgen (§ 51 Abs. 1 SGB VIII, § 1748 Abs. 2 BGB).

Die Ersetzung der Einwilligung ist zwar eine besonders radikale Form der Adoption, die mit vielen Schwierigkeiten und Auseinandersetzungen mit den leiblichen Eltern verbunden, aber auch dringend notwendig ist.

---

[34] Oberloskamp, 2000, S. 143

1.2.4.6 Das Ruhen der elterlichen Sorge

Mit der Erteilung der Einwilligung durch die Eltern in die Adoption des Kindes, ruht die elterliche Sorge (§ 1751 Abs. 1 BGB). Den Eltern wird jeglicher Umgang mit dem Kind verwehrt, um die Entstehung einer neuen Eltern-Kind-Beziehung zwischen Adoptiveltern und Kind nicht zu stören. Das Jugendamt tritt kraft des Gesetzes bis zum Ausspruch der Adoption als Vormund für das Kind ein (§ 1751 Abs. 1 BGB), es sei denn, es wurde bereits ein anderer Vormund bestellt. Ebenso wie das Sorgerecht der Eltern ruht auch die Unterhaltspflicht.

Um die Volleingliederung des Kindes in seine neue Familie nicht zu irritieren, unterliegen die leiblichen Eltern dem Ausforschungs- und Offenbarungsverbot (§ 1758 Abs. 1 BGB).[36] Auch fremden Personen ist es untersagt, Tatsachen oder Umstände, die die Adoption betreffen zu erforschen, es sei denn, dass entweder die Annehmenden oder das Kind selbst die Erlaubnis dazu erteilen oder wenn ein öffentliches Interesse an einer Offenbarung vorliegt (§ 1758 BGB). Bei einer offenen Adoption, bei welcher die Annehmenden mit der Bekanntgabe ihrer Daten an die leiblichen Eltern einverstanden sind, verfällt dieser Paragraph. Alle die Adoption betreffenden Daten, die von der Adoptionsvermittlungsstelle erhoben wurden, stehen unter strengstem Datenschutz und können bei Missachtung strafrechtlich verfolgt werden (§ 9d Abs. 1,5 AdVermiG).

---

[35] Röchling, 2000, S. 71

1.2.5 Die Vollziehung der Adoption

1.2.5.1 Der Beschluss der Annahme als Kind

Haben sich die Annehmenden für die Adoption des Kindes, das sie bereits einige Zeit in Pflege hatten (vgl. § 1744 BGB) entschieden, müssen sie einen Antrag bei dem zuständigen örtlichen Vormundschaftsgericht stellen. Dieser Antrag setzt selbstverständlich die volle Geschäftsfähigkeit der Annehmenden voraus und bedarf aufgrund der Wichtigkeit dieses Antrags der notariellen Beurkundung. Der Antrag darf nur persönlich und nicht durch einen Vertreter dem Notar überbracht werden.[37] Der Beschluss der Adoption mit allen seinen Konsequenzen wird nach Antragstellung und Prüfung vom Vormundschaftsgericht ausgesprochen (§ 1752 BGB).

1.2.5.2 Die rechtliche Stellung des Kindes

Mit Inkrafttreten der Annahme als Kind erlöschen alle bisherigen Verwandtschaftsverhältnisse des Kindes (§ 1755 Abs. 1 BGB). Adoptiveltern und Kind bilden vor dem Gesetz und in der Gesellschaft den Status einer leiblichen Familie. Das Kind erhält den Familiennamen der Adoptiveltern (§ 1757 Abs. 1 BGB). Die

---

[36] Oberloskamp, 2000, S. 201

Annehmenden haben die Möglichkeit, auf Antrag vor dem Vormundschaftsgericht auch den Vornamen des Kindes zu ändern, wenn dies das Wohl des Kindes nicht verletzt (§ 1757 Abs. 4 BGB). Ob diese Maßnahme jedoch allgemein als sinnvoll zu betrachten ist sei dahingestellt, denn der von Geburt an anhaftende Name stellt ein wichtiges Bindeglied zu den leiblichen Eltern, die den Namen gewählt haben und der Herkunft des Kindes dar. Insbesondere bei älteren Kindern wird dadurch ein Stück der eigenen Identität geraubt, die gerade für die Entwicklung der Persönlichkeit der Adoptivkinder von großer Bedeutung sind.[38]

Nach dem Beschluss der Adoption erhalten die Annehmenden alle finanziellen Leistungen, die jeder Familie in Deutschland zustehen wie z.B. das Erziehungsgeld und das Kindergeld. Zusätzlich können steuerliche Vergünstigungen wie der Kinderfreibetrag in Anspruch genommen werden. Ebenso haben die Annehmenden das übliche Recht auf Erziehungsurlaub.[39]

1.2.6 Aufhebung des Annahmeverhältnisses

Da die Adoptivfamilie aus rechtlicher und gesellschaftlicher Sicht als natürliche Familie anzusehen ist und eine lebenslange Bin-

---

[37] Röchling, 2000, S. 97
[38] Adoptionsberatung online, September 2003, „die erste Zeit",
http://www.adoptionsberatung.at/index.php/article/articleprint/29/-1/36/
Hoksbergen, 2000, S. 284
[39] Jugendamt der Stadt Dortmund, S. 9

33

dung darstellen sollte, ist das Adoptionsverhältnis in der Regel irreversibel und kann nur in äußerst seltenen Fällen aufgehoben werden (§1759 BGB). Das Gesetz sieht nur zwei Möglichkeiten der Aufhebung vor:

1)   auf Antrag bei dem Vormundschaftsgericht und

2)   als Aufhebung von Amts wegen.

Auf Antrag beim Vormundschaftsgericht kann eine Aufhebung des Annahmeverhältnisses nur dann erfolgen, wenn für die Adoption notwendige Einwilligungserklärungen fehlen oder wenn diese fehlerhaft ausgeführt wurden (§ 1760 Abs. 1, 2 BGB).[40] Als fehlerhaft gelten die Einwilligungserklärungen dann, wenn:

- sich der Einwilligende zur Zeit des Antrages in einem gestörten Bewusstseins- und Geisteszustand befand (§ 1760 Abs. 2a BGB),

- der Einwilligende mit seiner Zustimmung einen Irrtum begangen hat und Bedeutung, Inhalt und Folgewirkung der Erklärung in seinem ganzen Ausmaß nicht erfasst hat (§1760 Abs. 2b BGB),

- eine arglistige Täuschung oder eine Drohung den Erklärenden zu einer Einwilligung gedrängt hat (§ 1769 Abs. 2c, d BGB),

- die Einwilligung vor der Acht-Wochen-Schutzfrist (§ 1747 Abs. 2 BGB) erteilt worden ist.

---

[40] Oberloskamp, 2000, S. 210

Eine Aufhebung des Annahmeverhältnisses kann des Weiteren nur von Amts geschehen, wenn dies aus schwerwiegenden Gründen für das Kindeswohl erforderlich ist (§ 1764 Abs. 1 BGB).

1.3. Die Adoptionsvermittlung –

ein Arbeitsfeld für Sozialpädagogen

Der Gesetzgeber hat für die verantwortungsvollen Aufgaben der Adoptionsvermittlung ein eigenes Gesetz (AdVermiG) erlassen, um den Fachkräften einen Rahmen und eine Orientierung für ihre Arbeit zu geben. Das Adoptionsvermittlungsgesetz regelt Aufgaben und Eignung der Adoptionsfachkräfte, Vermittlungsverbote sowie die Vorrausetzungen zur Anerkennung als Adoptionsvermittlungsstelle. Da die Adoptionsvermittlung zum Aufgabenbereich der Jugendhilfe gehört, darf sie nur vom Jugendamt und dem Landesjugendamt (§ 2 Abs. 1 AdVermiG) sowie den in § 2 Abs. 2 AdVermiG und § 4 AdVermiG anerkannten Stellen durchgeführt werden. Dementsprechend werden in der Regel Sozialpädagogen und Sozialarbeiter mit den Aufgaben der Vermittlung betraut, die aufgrund ihrer Ausbildung als auch der beruflichen Erfahrung nach § 3 Abs. 1 AdVermiG in Frage kommen.[41] Diese zeichnen sich durch Lebenserfahrung und eine stabile Persönlichkeit aus, die nach ihren ethischen Grundsätzen dem Wohl des Kindes entsprechend handeln.[42]

Die Eignung des Sozialpädagogen als Fachkraft für die Adoptionsvermittlung resultiert aus dem umfangreichen Kenntnisstand, der sich aus den verschiedenen Fachbereichen der Sozial-

---

[41] Bundesarbeitsgemeinschaft der Landesjugendämter, Oktober 2003,
http://www.bagljae/Stellungnahmen/AdoptionsEmpfehlungen.pdf
S. 11

pädagogik erschließt und den dieser nach Abschluss des Studiums erreicht haben sollte. Die Fachkraft sollte über ein weitreichendes Wissen in den Bereichen Recht, Psychologie, Soziologie, Didaktik/ Methodik und Pädagogik verfügen, um allen Aufgaben der Adoptionsvermittlung gerecht zu werden. Die Bundesarbeitsgemeinschaft der Landesjugendämter[43] weist in ihren Empfehlungen zur Adoptionsvermittlung des Weiteren darauf hin, dass es sich bei diesen Fachkräften um „lebenserfahrene Menschen mit einer stabilen Persönlichkeit" handeln sollte. Daher dürfen auch nur Sozialpädagogen in diesem Bereich arbeiten, die einschlägige Berufserfahrung in ähnlichen Arbeitsfeldern wie z.B. dem Pflegekinderdienst aufweisen können und mindestens ein Jahr als Zweit- oder Drittkraft in der Adoptionsvermittlung tätig waren.[44]

Die Sozialpädagogik beschreibt sich als Fachrichtung, die sich für die „von der Gesellschaft verursachten Probleme zuständig (fühlt)"[45] und immer dort eingreift, wo Menschen sich in Notlagen und Krisensituationen befinden, die sie nicht ohne fachliche Hilfen lösen können. Doch anders als in anderen sozialpädagogischen Berufen, die sich größtenteils nur mit einer bestimmten Personengruppe beschäftigen (z.B. Suchtkranke, Kinder, Senioren, psychisch kranke Menschen etc.), gliedert sich das Klientel des Sozialpädagogen in der Adoptionsvermittlungsstelle in drei

---

[42] ebd. S. 10
[43] ebd.
[44] Bundesarbeitsgemeinschaft der Landesjugendämter, Oktober 2003
http://www.bagljae/Stellungnahmen/AdoptionsEmpfehlungen.pdf,
S. 12
[45] Schilling, Johannes, 1995: Didaktik/ Methodik der Sozialpädagogik, S. 10

unterschiedliche Personengruppen, mit jeweils unterschiedlichen Bedürfnissen, Nöten und Wünschen, die jedoch gleichwertig betreut werden müssen. Gemeint ist hier die sogenannte Adoptionstriangel:

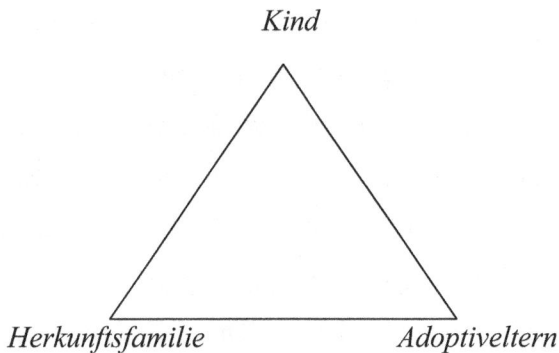

Kind

Herkunftsfamilie　　　　　　*Adoptiveltern*

a) Herkunftsfamilie/ leibliche Eltern

Die leiblichen Eltern befinden sich in aller Regel in einer persönlichen Notsituation, die der Sozialpädagoge mit viel Feingefühl und Verständnis unterstützen muss. Oft ist eine lange Reihe von Beratungsgesprächen notwendig, um für die Mutter und das Kind die optimale Jugendhilfemaßnahme zu finden. Um eine umfassende Beratung und Hilfestellung zu gewährleisten, müssen die Fachkräfte außerdem mit vielen verschiedenen Institutionen wie Sozialämtern, Schwangerschaftsberatungsstellen, Arbeitsämtern usw. zusammenarbeiten.[46] Dabei haben sie

---

[46] Textor, 1993, S. 31 ff

die Mütter, wie auch im späteren Verfahren die Adoptiveltern, genaustens über ihre Rechte und Ansprüche auf verschiedene Hilfen und Unterstützungen aufzuklären. Hat sich eine Mutter bereits vor den ersten Beratungsgesprächen für die Freigabe ihres Kindes entschieden, muss sich die Fachkraft davon überzeugen, dass dieser Entschluss freiwillig und ohne äußere Einflüsse, die die Mutter eventuell zu einer Adoption nötigten, gefasst wurde.[47]

Es ist zu beachten, dass der Sozialpädagoge die Mutter in ihrer Entscheidungsfindung nicht in eine bestimmte Richtung beeinflussen soll, sondern ihr nur beratend und unterstützend zur Seite steht[48] und die Betroffene nicht unter psychischen Druck setzt oder gar erpressen darf, wie es Fälle aus der Vergangenheit zeigten.[49]

Auch nach der Freigabe des Kindes suchen die Mütter häufig die Hilfe der Adoptionsvermittler auf, um ihre Trauer und ihren Schmerz des traumatischen Verlustes verarbeiten zu können. Es ist die Pflicht der Adoptionsvermittler auch nach Abschluss der Adoption weiterhin beratend zur Verfügung zu stehen und Adressen von Institutionen, wie Selbsthilfegruppen, weiterzuleiten. Die meisten Mütter empfinden sich als „Rabenmütter" und leiden sehr unter ihren Schuldgefühlen. Dabei sollte den Müttern verdeutlicht werden, dass sie verantwortungsbewusst für das Kind gehandelt haben und dass sie somit keine schlechten Mütter sind. Vielfach ist es für die Mütter sehr hilfreich, wenn ihr die Fach-

---

[47] Bundesarbeitsgemeinschaft der Landesjugendämter, Oktober 2003, http://www.bagljae/Stellungnahmen/AdoptionsEmpfehlungen.pdf, S. 12
[48] ebd.

kräfte Fotos, Briefe oder gemalte Bilder des Kindes überreichen, die von den Adoptiveltern zwischenzeitlich mit der Genehmigung zur Weitergabe an die Adoptionsvermittlungsstelle gegeben wurden. Auf diese Weise sehen die Mütter, dass es ihrem Kind gut geht und sie die richtige Entscheidung für ihr Kind getroffen haben.

b) Adoptivkind

Der Sozialpädagoge der Adoptionsvermittlungsstelle kann allerdings nicht nur die schwierige Lage der Mutter berücksichtigen, sondern muss gemäß seines gesetzlichen Auftrags sein Hauptaugenmerk auf das Wohl des Kindes legen, um diesem den Weg für eine stabile Lebensperspektive zu ebnen. In den regelmäßigen Hilfeplangesprächen, die mit dem Team nach § 36 KJHG geführt werden, wird überprüft, ob zunächst eine andere Maßnahme für das Kind in Betracht kommt oder die Adoption eine Alternative zu allen anderen Maßnahmen darstellt.[50] Teamfähigkeit ist daher eine weitere wichtige Vorraussetzung für die effektive Arbeit des Sozialpädagogen.

Die Fachkraft muss, um die sinnvollste Hilfemaßnahme zu finden, das Kind, seine Persönlichkeit, seinen Charakter (wenn es sich um ein älteres Kind handelt) und natürlich auch seine Vergangenheit, als auch die damit verbundenen möglichen Verhal-

---

[49] Textor, 1996, S. 510 ff

tensauffälligkeiten kennen lernen und mit ihm persönlich in Kontakt treten. Häufig muss sie sich in diesem Zusammenhang mit Heimaufsichtspersonen oder Pflegeeltern beraten, um eine Adoptionseignung des Kindes zu überprüfen. Psychologische und psychopathologische Kenntnisse sind hierbei von großer Wichtigkeit, um psychische Auffälligkeiten zu erkennen und einzuordnen, damit sachdienliche Ermittlungen präzise durchführt und Prognosen für die Weiterentwicklung des Kindes aufgestellt werden können. In schwierigen und unklaren Einzelfällen besteht die Möglichkeit, Sachverständige wie Psychologen, Ärzte usw. zur Unterstützung in Anspruch zu nehmen.[51] Gegebenenfalls muss der Sozialpädagoge weitere therapeutische Maßnahmen einleiten, wenn dies nach seiner fachlichen Ansicht notwendig ist.

Der Adoptionsvermittler sollte sich immer der großen Verantwortung seines Handelns bewusst sein. So stellt die Adoption eines Kindes immer einen extremen und in der Regel lebenslänglichen Einschnitt in seine Biografie dar. Nur unter dieser Berücksichtigung kann der Sozialpädagoge entscheiden, was dem Wohl des Kindes dient und welche individuellen Bedürfnisse bestehen, um dementsprechend, im Falle der Adoption, die Adoptiveltern auszuwählen.

Konfliktreich wird es dann, wenn eine Adoption für das Kind die beste Möglichkeit zur Sicherung einer gesunden Entwicklung darstellt, die leibliche Mutter sich jedoch gegen eine Einwilligung

---

[50] Paulitz, Harald, 1997: Offene Adoption: ein Plädoyer, S. 54
[51] Bundesarbeitsgemeinschaft der Landesjugendämter, Oktober 2003
http://www.bagljae/Stellungnahmen/AdoptionsEmpfehlungen.pdf, S. 11

zur Wehr setzt. Hier muss die Fachkraft viel Energie aufwenden und wahre Überzeugungsarbeit leisten. Wenn nötig muss die sogar vor dem Vormundschaftsgericht eine Ersetzung der Einwilligung nach § 1748 BGB durchsetzen.[52] Dabei muss der Sozialpädagoge mit vielen Kontroversen und Auseinandersetzungen sowohl mit der leiblichen Mutter, als auch mit dem Vormundschaftsgericht, dem er seine Entscheidung begründen muss, rechnen. Daher sind Durchsetzungskraft und eine starke Persönlichkeit wichtige Kriterien, die die Fachkraft der Adoptionsvermittlungsstelle für ihren Beruf benötigt.

Erfahrungen der Vermittlungspraxis zeigen, dass sich viele Adoptierte im Laufe ihres Lebens, besonders in der Jugendzeit, mit ihrer Herkunft und den leiblichen Eltern befassen und für sie der Wunsch entsteht, Kontakt zu ihnen aufzunehmen. Alle Unterlagen und Aufzeichnungen über den Vermittlungsverlauf müssen aus diesem Grund 60 Jahre (gemessen am Geburtsdatum des Kindes) aufbewahrt werden (§ 9 b Abs. 1 AdVermiG). Das Adoptivkind darf bereits mit Vollendung des 16. Lebensjahres die Vermittlungsakten ohne Zustimmung des gesetzlichen Vertreters einsehen und sich über seine Adoption und seine Herkunft informieren (§ 9 b Abs. 2 AdVermiG). Die Fachkräfte sollten deshalb immer sehr detaillierte Aufzeichnungen über zurückliegende Adoptionsprozesse angelegt haben, um dem großen Bedürfnis, Gründe für die eigene Adoption zu erfahren nachzukommen und um viele Daten und Informationen zu den leiblichen Müttern/

Vätern liefern zu können. Zusätzlich sollten sie bei der Suche und Kontaktanbahnung zu den leiblichen Eltern behilflich sein und sich auch hier als „Vermittler" zwischen dem Adoptiertem und seiner Herkunftsfamilie sehen.[53]

c) Adoptivbewerber/ Adoptiveltern

Auch die dritte Personengruppe der Adoptionstriangel, also die Adoptivbewerber/ -Eltern, benötigt viel Aufmerksamkeit von der Fachkraft der Adoptionsvermittlungsstelle. Besonders die ungewollt kinderlosen Adoptivbewerber eine ganze Odyssee von Untersuchungen und medizinischen Eingriffen hinter sich, die sowohl die eigene psychische Verfassung als auch die Partnerschaft schwer belastet haben. Der Sozialpädagoge hilft unter anderem bei der Verarbeitung dieser Erlebnisse, steht bei der Trauerarbeit zur Seite, die die unfreiwillig kinderlosen Paare leisten müssen, und schafft somit die Grundlage für ein intaktes Familienleben, in welches das Adoptivkind integriert werden soll.

Darüber hinaus hat aber die Fachkraft die wesentliche Aufgabe, die Bewerberpaare auf ihre Eignung als Adoptiveltern zu prüfen. Dazu benötigt sie sehr viel Menschenkenntnis und Objektivität, um die Paare und die Gesprächssituationen, die in Einzel-, Paar- oder Gruppensitzungen stattfinden, zu beurteilen und zu interpretieren.

---

[53] Textor, 1996, S. 514

Die Fachkraft sollte sich darüber bewusst sein, dass zwischen den Adoptivbewerbern und ihr selbst als Adoptionsvermittler, ein großes Gefälle bzw. Ungleichgewicht besteht.[54] Die Adoptionsbewerber sind im hohen Maße abhängig von dem Wohlwollen, dem Sachverständnis und den Entscheidungen der Adoptionsfachkraft, sodass diese in den Augen der Bewerber die Entscheidungsmacht über ihr eigenes Glück oder Unglück in den Händen hält.[55] Die Folge ist, dass einige Adoptivbewerber sich bei den Gesprächen mit den Vermittlern verstellen, um das Bild von perfekten Eltern abzugeben, damit sie als geeignete Adoptivbewerber registriert werden. Teilweise versuchen aus Angst vor einer Ablehnung die Fachkräfte zu täuschen und zeigen nicht ihre wahre Identität.[56] Doch für die Auswahl der richtigen Eltern für ein Kind sind Ehrlichkeit und Offenheit in Bezug auf die eigene Situation unerlässlich. Dies muss der Sozialpädagoge richtig erkennen und deuten können, um später seine Entscheidung zu begründen.

Um ein gutes Vermittlungsergebnis zu erzielen, ist das Verhältnis zwischen den beiden Parteien, Adoptionsvermittler und Adoptivbewerber, ausschlaggebend. Um dieses positiv zu gestalten, sollte der Sozialpädagoge mit den Adoptivbewerbern auf partnerschaftlicher Ebene mit viel Empathie für ihre Situation, mit Respekt, Herzlichkeit und Aufrichtigkeit kommunizieren, um das evt.

---

[54] vgl. die didaktischen Elemente von Schilling, 1995, S. 30 ff
[55]Hoksbergen, Renè A. C.; Paulitz, Harald, 2000: Ein zeitgemäßes Adoptionsmodell – Vermittlungsstellen, Jugendämter, Fachkräfte und Hilfeleister bei sozialpsychologischen Problemen, in: Adoption. Positionen, Impulse, Perspektiven, S. 286 ff
[56] Hoksbergen, Paulitz, 2000, S. 286

Entstandene Spannungsverhältnis langsam abzubauen und ein offenes und ehrliches Verhältnis aufzubauen. Dabei übernimmt der Sozialpädagoge die leitende Funktion und lenkt diese behutsam-partizipatorisch[57] in eine bestimmte Richtung, um somit das gemeinsame Ziel, nämlich die Vermittlung eines Kindes, zu erreichen.

Besonders für den Bewerbungsprozess sollte der Sozialpädagoge immer ein Konzept erstellt haben, um die angestrebten Ziele seiner Arbeit mit den Adoptivbewerbern gemeinsam effizient zu erfüllen.[58] Nur mit ausreichender Planung und Konzepterstellung erhält der Sozialpädagoge Sicherheit für sein eigenes Handeln und kann diese Sicherheit seinem Klientel weitergeben. Durch kompetentes Auftreten schafft er eine Vertauensbasis zwischen sich und seinem Klientel. Dieser Grundsatz sollte von allen sozialpädagogischen Arbeitsfeldern beachtet werden.

Der Adoptionsvermittlungsprozess bedeutet für die Adoptiveltern auch immer ein Lernprozess, der in der Regel ein Leben lang andauert[59] und der von der Fachkraft der Vermittlungsstelle auch über einen längeren Zeitraum hinweg begleitet werden sollte. Besonders in der Zeit der Integration des Kindes eröffnen sich den Adoptiveltern viele Fragen und Problemstellungen, die mit Hilfe des Sozialpädagogen beantwortet und gelöst werden müssen. Dies kann sowohl durch Gespräche und Telefonate mit der Adoptionsvermittlungsstelle selbst, aber auch in Form von Haus-

---

[57] Schilling, 1995, S. 31
[58] ebd., S. 230
[59] Bach, 2000, S. 297

besuchen geschehen, die die Adoptionsfachkraft im Außendienst abzuhalten hat.

2. Die Adoptivbewerber – eine statistische Untersuchung

2.1 Einleitung

In Deutschland gibt es leider nur sehr wenige aktuelle Studien zum Thema Adoption.[60] Die wenigen Studien, die sich mit dieser Thematik beschäftigt haben, fanden hauptsächlich in den 70er und 80er Jahren statt. Namentlich wäre vor allem Napp-Peters[61] zu nennen, die 1969 eine sehr umfangreiche repräsentative Studie über die am Adoptionsprozess beteiligten Personen durchgeführt hat. Ihre Ergebnisse haben mittlerweile jedoch zu einem gewissen Teil an Aktualität verloren. Um Aussagen über Adoptionen statistisch zu belegen, kann die deutsche Adoptionsforschung daher nur auf den Kenntnisstand und die Forschungsergebnisse anderer Staaten wie z.B. den Niederlanden, Skandinavien und den USA zurückgreifen.

In diesem Zusammenhang kritisiert Textor,[62] dass jedes Jahr viele Millionen Euro in allgemeine Jugendhilfemaßnahmen investiert werden, ohne dass diese in Hinblick auf ihre Effektivität und

---

[60] vgl. Textor, Martin R., 1996: 20 Jahre Adoptionsreform – 10 Jahre Adoptionsforschung: Konsequenzen aus veränderten Sichtweisen, S. 508; Bach, Rolf P., 2000: Ein zeitgemäßes Adoptionsmodell – Adoptionshilfe - eine defizitäre Pflichtaufgabe, S. 298

[61] vgl. „Adoption – das alleinstehende Kind und seine Familie (...)", 1978; auf die wirklich umfassenden Studien von Napp-Peters wird bei diesen Ausführungen nicht weiter eingegangen, da diese über 25 Jahre zurückliegen und sich die Adoptionspraxis und Forschung seitdem stark verändert und weiter entwickelt hat, sodass sich die Relevanz der gewonnen Daten stark verringert hat.

[62] Textor, 1996, S. 508

Effizienz untersucht und erforscht werden. In Bezug auf die Adoption als Jugendhilfemaßnahme bedeutet dies, dass nicht genau belegt werden kann, ob eine Adoption tatsächlich im Sinne des Kindeswohls eine Verbesserung der Lebensqualität sowie eine positive Entwicklung der eigenen Persönlichkeit und Selbstständigkeit bedeutet oder ob diese Jugendhilfemaßnahme nur in seltenen Fällen unter ganz bestimmten Voraussetzungen greift oder sich gar negativ für das Kind auswirken kann.

Um in der Sozialpädagogik/ Sozialarbeit eine selbstreflektierende Arbeit zu sichern, sind regelmäßige Studien und statistische Erhebungen unerlässlich. Nur so können Schwachstellen, in diesem Fall bezogen auf das Jugendhilfesystem, ausgelotet, verbessert und reformiert werden, wobei die Sozialpädagogen auch ihrem politischen Auftrag, Forderungen zur Verbesserung der gesellschaftlichen Situation zu stellen, nachkommen müssen.

Diese Überlegungen waren der dazu der Anlass, aktuelle Daten über die an der Adoption beteiligten Personen zu sammeln. Dabei wurde das Augenmerk auf die Adoptivfamilie gelegt. Die Problematik dieses Vorhabens bestand in der Tatsache, dass alle Personengruppen der Adoptionstriangel dem strengem Datenschutz obliegen und die Möglichkeiten einer Befragung sehr eingeschränkt sind. Hinzu kam die Überlegung, dass wahrscheinlich bestehende Adoptivfamilien, denen bereits ein Kind zur Adoption vermittelt wurde, kein Interesse an einer Mitarbeit zeigen würden. Der Verein der Pflege- und Adoptiveltern bestätigte, dass sich viele Adoptiveltern aus dem Verein zurückziehen, sobald die Vermittlung eines Kindes abgeschlossen ist. Als Begründung wird vermutet, dass die Adoptiveltern ein „normales" Familienleben führen wollen, bei dem sie auf keine Hilfen angewiesen sind.

Die Entscheidung viel daher auf die Personengruppe der Adoptivbewerber im abgeschlossenen Bewerbungsprozess, die nun auf ein geeignetes Kind warten. Es wurde vermutet, dass diese Gruppe zu diesem Zeitpunkt sehr motiviert und zu einer Mitarbeit bereit sind, nicht zuletzt auch in der Hoffnung, positiv durch ihr Engagement aufzufallen.

Ein Ziel der Studie war, Motive für die Adoption eines Kindes herauszufinden. Stehen hauptsächlich gesundheitliche Gründe wie Sterilität für eine Adoption im Vordergrund oder ist die Adoption eher ein karitativer, idealistischer Entschluss, um einem Kind ein besseres Leben zu ermöglichen?

Des Weiteren interessierten demographische Verhältnisse wie die gesellschaftliche Schichtzugehörigkeit, die Schulbildung, der Ausbildungsabschluss und die Höhe des monatlichen Bruttoeinkommens der Paare.

Zusätzlich zielten die Fragen auf die Zufriedenheit in verschiedenen Lebensbereichen der Adoptivbewerber ab, um ein Gesamtbild dieser Personengruppe zu bieten. Wichtig erschien außerdem die Betrachtung des sozialen Netzes, bestehend aus Familie, Freunden, Bekannten usw., in das die Bewerber eingebunden sind, um hier mögliche Ressourcen zu entdecken. Außerdem sollten spezifische Fragen zur eigenen erlebten Kindheit und dem früheren Familienleben Auskunft über die Persönlichkeit und Erziehungsfähigkeit der potenziellen Adoptiveltern geben.

Zusammenfassend sollten diese Daten Aufschluss darüber geben, ob sich aus den gewonnen Ergebnissen eine Eignung als Adoptiveltern erkennen lässt und was sie für das Adoptivkind und das Leben in der Adoptivfamilie bedeuten.

Um diese und andere Fragen zu beantworten, wurde ein Fragebogen erstellt,[63] der von den Bewerberpaaren ausgefüllt werden sollte. Dazu erhielt jedes Paar zwei identische Fragebögen, die sie unabhängig voneinander beantworten sollten. Da aus Datenschutzgründen keine Adressen von Adoptivbewerbern zur Verfügung standen, wurde bei der Verteilung der Fragebögen auf die Adoptionsvermittlungsstellen zurückgegriffen, die diese an die bei ihnen gemeldeten und geprüften Adoptivbewerber anonym weiterleiteten. Um eine möglichst große Stichprobe zu erzielen, wurde dazu mit mehreren Jugendämtern innerhalb des Ruhrgebiets sowie mit zwei Vereinen für Pflege- und Adoptiveltern kooperiert.

Von insgesamt 82 verschickten Testbögen (für 41 Paare), kamen insgesamt 42 Bögen ausgefüllt zurück. Davon wurde die Hälfte von männlichen Teilnehmern und die andere Hälfte von weiblichen Teilnehmerinnen beantwortet.

Da es sich bei dieser Untersuchung nur um eine kleine Stichprobe handelt, die keine Verallgemeinerungen zulassen und statistisch nicht signifikant sind und nicht auf die Untersuchung von sta-

---

[63] s. den Fragebogen im Anhang

tistisch signifikanten Gruppenunterschieden abzielt, werden die gewonnen Ergebnisse mit anderen durchgeführten Studien und den Ergebnissen der Fachliteratur verglichen. Des Weiteren sollte erwähnt werden, dass nicht genau nachgewiesen werden kann, wie ehrlich die Adoptivbewerber auf die gestellten Fragen antworteten. Zwar wurden sie auf die Anonymität der Studie hingewiesen, dennoch ist teilweise davon auszugehen, dass einige Adoptivbewerber bestimmte Fragen zu ihren Gunsten beantwortet haben.

In dieser Arbeit wird bei der Darstellung der Ergebnisse lediglich auf eine Auswahl besonders bedeutender Fragen eingegangen, so dass nicht alle im Fragebogen aufgelisteten Fragen berücksichtigt werden.

2.2 Ergebnisse der Untersuchung

2.2.1 Demographische Verhältnisse der Adoptivbewerber

2.2.1.1 Altersunterschiede zwischen Adoptiv- und biologischen Eltern

Adoptivbewerber zeichnen sich in der Regel durch ein höheres Durchschnittsalter gegenüber leiblichen Eltern aus.[64] Textor[65] ermittelte in seiner auf Bayern festgelegten Studie, dass der größte Teil der Adoptiveltern zwischen 30 und 40 Jahren alt war (72% der Frauen und 83% der Männer).[66] Diese Ergebnisse decken sich mit dem errechneten Durchschnittsalter der in dieser Studie befragten Adoptivbewerber, wobei die Frauen im Durchschnitt 34,5 Jahre alt waren und die Männer ein Alter von 37 Jahren hatten. Vergleicht man das Durchschnittsalter mit Paaren bei der Geburt ihres ersten Kindes, so beträgt der Unterschied immerhin knapp 10 Jahre[67].

Gründe und Ursachen sind, neben den längeren Schul- und Ausbildungszeiten, unter anderem in der ungewollten Kinderlosigkeit zu finden, die gleichzeitig auch die Hauptmotivation für eine Adoption darstellt (wie im späteren Kapitel 2.2.2 festgestellt

---

[64]Hoksbergen, Renè A. C., 2000: Ein zeitgemäßes Adoptionsmodell – Adoptiveltern: Akzeptanz ihrer spezifischen Elternrolle, in: Adoption, Positionen, Impulse, Perspektiven, S. 280

[65] Berichte und Ergebnisse seiner 1990 durchgeführten Studien, die sich ausschließlich auf Bayern beziehen, wurden den Aufsätzen von 1993 und 1996 entnommen

[66] Textor, 1996, S. 514

[67] Hoksbergen, 2000, S. 280

wird). Für diese Paare sind mit der Sterilität oft zahlreiche Untersuchungen und jahrelange Versuche der künstlichen Befruchtung verbunden, sodass es erst nach langwieriger Überlegung zur Entscheidung für eine Adoption kommt.[68] Der Adoptionsprozess wiederum, stellt vom ersten Beratungsgespräch, zur Bewerbungseignungsprüfung bis hin zum Warten auf ein Kind einen weiteren großen Zeitfaktor dar, wodurch die Adoptiveltern oft erst in höherem Alter das ersehnte Kind vermittelt bekommen.

Für die Adoptionsvermittlungspraxis kann dies zwar heißen, dass die Adoptivbewerber aufgrund ihres höheren Alters auch ein größeres Maß an persönlicher und partnerschaftlicher Reife besitzen, die ebenfalls ein Eignungskriterium für die Adoptionsbewerbung darstellt. Andererseits werden die meist bevorzugten Säuglinge selten an Paare vermittelt, die älter als 35 Jahre alt sind,[69] sodass die Chance auf ein Adoptivkind im Säuglingsalter für diese Adoptivbewerber sehr gering ist und sie in der Regel eher ältere Kinder vermittelt bekommen.

2.2.1.2 *Schulbildung und berufliche Situation*

Die Adoptivbewerber/-eltern sind meist der gesellschaftlichen Mittelschicht zu zuordnen. Sowohl Schulbildung, Berufsausbil-

---

[68] vgl. ebd.
[69] Gauly, Bernward; Knobbe, Wieland, 1993: Auswahl und Beratung von Adoptivbewerbern, in: Adoption: Grundlagen, Vermittlung, Nachbetreuung, Beratung, S. 159

dung und Berufstätigkeit als auch die finanzielle Situation weisen auf diese Tatsache hin.[70]

Im Falle der von mir befragten Testpersonen ergab sich, dass 59,5% das Abitur oder ein Fachabitur erworben hatten. Ebenso fand Textor[71] bei seinen Untersuchungen heraus, dass die Hälfte der von ihm befragten Personen das Gymnasium besucht hatten, sodass vermutbar ist, dass dieses Ergebnis auf Adoptivbewerber allgemein zutreffend ist. Die Mittlere Reife besaßen in meiner Stichprobe 28,6%, wie die Abb. 1 aufzeigt. Nur ein sehr geringer Anteil von insgesamt 11,9% hatte lediglich einen Volksschul-, bzw. Hauptschulabschluss.

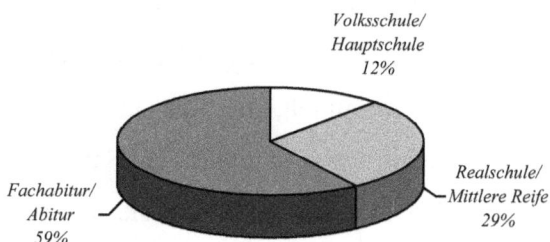

Abbildung 1: Schulausbildung der Adoptivbewerber

Nach dem Schulabschluss erlernten alle Bewerber einen Beruf und gingen einer Berufsausbildung nach. Rund die Hälfte machte nach der Schule eine Lehre bzw. besuchte eine Fachschule. Ein Studium mit einem Magister-, Diplom- oder Hochschulabschluss absolvierten 33,3% der Befragten. Knapp 5% erlangten sogar

---

[70] ebd.; Textor, 1993, S. 43; Hoksbergen, 2000, S. 280

einen Doktor- oder Professortitel, was ausschließlich die männlichen Teilnehmer der Studie betraf. Mehr als die Hälfte beendete erfolgreich die Lehre und 7% der Bewerber erhielten als Abschluss ihrer Ausbildung einen Meisterbrief (Abb. 2).

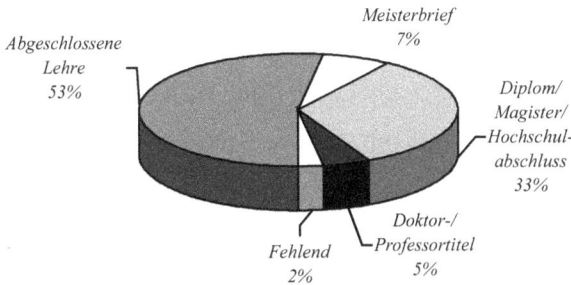

Abbildung 2: Berufsabschluss der Adoptivbewerber

Der hohe Bildungsstandard lässt darauf schließen, dass sich die zukünftigen Adoptiveltern eingehend mit dem Thema Adoption beschäftigen und sich ausreichend Informationen diesbezüglich suchen. Dies wird zusätzlich verdeutlicht durch die Tatsache, dass alle befragten Personen sich mit Lesen von Fachliteratur, Recherchen im Internet oder Beratungsgespräch in entsprechenden Einrichtungen mit der Adoptionsthematik auseinandergesetzt haben. Als wichtigstes Medium für themenbezogene Informationen stachen in dieser Befragung die Bücher und Zeitschriften heraus, die von 81% gelesen wurden. Auch das Internet wurde als Quelle mit 54,8% relativ häufig genutzt. 76,2% gaben zusätzlich

---

[71] Textor, 1996, S. 514

Beratungsstellen an, die sie über Adoptionen informierten. Immerhin 45,2% nahmen Kontakt zu anderen Adoptivfamilien auf und führten Gespräche mit diesen.

Es lässt sich also feststellen, dass die Adoptiveltern in dieser Studie sich sehr bewusst und detailliert auf eine mögliche, bzw. bevorstehende Adoption vorbereitet haben, was vermutlich auf Adoptivbewerber im Allgemeinen zutrifft, da sie einen ebenso hohen Bildungsstand aufweisen. Daraus kann ein enormer Vorteil für die erhöhten Anforderungen, die Adoptiveltern zu erwarten haben, resultieren. Denn eine gute Vorbereitung sowie ausreichendes Wissen können die Eltern und das Kind vor einem Abbruch des Adoptionsverhältnisses schützen. An dieser Stelle soll bereits kurz darauf verwiesen werden, das andererseits auch immer beachtet werden muss, dass ein höherer Bildungsstandard im späteren Leben für das Adoptivkind auch eine Belastung darstellen kann.[72] Dies ist meist dann der Fall, wenn die Erwartungshaltung der Adoptiveltern gegenüber ihrem Kind zu groß ist, wodurch es unter enormen Leistungsdruck geraten kann (wie es in Kapitel 3.2.2 ausführlich behandelt wird).

Die Ergebnisse zur beruflichen Situation stellten heraus, dass beinahe jeder der Adoptivbewerber einen Arbeitsplatz hatte und erwerbstätig war. Insgesamt gingen 88,1% entweder ganztags oder geringfügig beschäftigt einer Arbeit nach (Abb. 3). Nur 5 von 42 Befragten (=11, 9%) waren zu diesem Zeitpunkt an kein Arbeitsverhältnis gebunden, wobei es sich bei vier dieser Perso-

---

[72] vgl. Kasten, 2000, S. 161

nen um Frauen handelte. Ob dies auf die momentane hohe Arbeitslosigkeit in Deutschland zurückzuführen ist oder ob es sich hier um eine freiwillige Arbeitslosigkeit im Sinne der klassischen Rollenverteilung handelt, kann an dieser Stelle nicht geklärt werden.

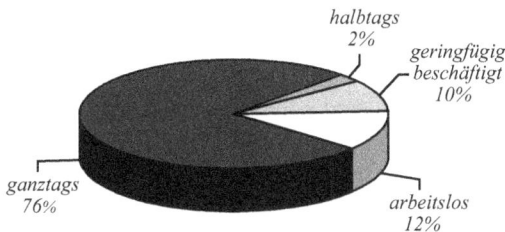

Abbildung 3: Art der Beschäftigungsverhältnisses der doptivbewerber

Die Berufsbereiche, in denen die Befragten beschäftigt sind, sind relativ gleichmäßig verteilt, sodass sich daraus keine Rückschlüsse auf Unterschiede zu anderen Paaren dieser Altersklasse ziehen lassen. Die Vermutung, dass ein auffällig großer Teil der Adoptivbewerber aus dem sozialen Berufsbereich wie z.B. der Pädagogik stammen könnte, konnte in dieser Untersuchung nicht belegt werden. In Abbildung 5 ist zu sehen, dass zwar ist der Anteil der in sozialen Berufen arbeitenden Personen mit 26% relativ hoch, doch ließe sich nur in einer Befragung mit einer Vergleichsgruppe feststellen, ob dies einen signifikant höheren Anteil, als bei anderen Paaren in der Gesamtbevölkerung darstellt.

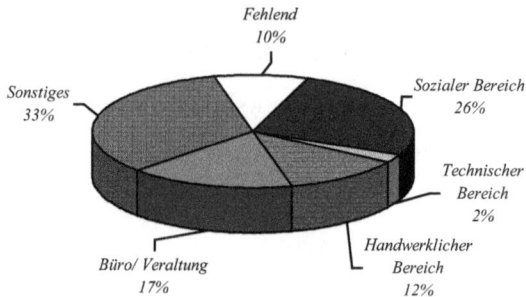

Fehlend
10%

Sonstiges
33%

Sozialer Bereich
26%

Technischer
Bereich
2%

Handwerklicher
Bereich
12%

Büro/ Veraltung
17%

Abbildung 4: Berufsbereiche der Adoptivbewerber

Aufgrund des hohen Bildungsniveaus qualifizieren sich die Adoptivbewerberpaare allgemein für gut bezahlte Arbeitsstellen und verfügen daher meist über ein hohes monatliches Einkommen.[73] Die Befragung ergab, dass mit 64,3% weit über die Hälfte der Paare ein gemeinsames Bruttoeinkommen über 4000,-Euro im Monat verfügt, wie es in Abbildung 5 ersichtlich ist. Daher ist bei den Adoptivbewerbern von einem höheren Lebensstandard in Bezug auf die Wohnverhältnisse, Lebenserhaltung und Freizeitgestaltung auszugehen. Das Adoptivkind erlebt also mit der Adoption in den meisten Fällen eine deutliche Verbesserung der Lebensqualität in materieller Hinsicht.

Für die Adoptionsvermittlung sind die Einkommensverhältnisse insofern von Bedeutung, da ein Adoptivkind nur an ein Paar vermittelt werden darf, bei welchen das Aufwachsen des Kindes

---

[73] vgl. Hoksbergen, 2000, S. 280

ökonomisch abgesichert ist.[74] Laut der Bundesarbeitgemeinschaft der Landesjugendämter[75] wird sogar empfohlen, dass nach der Vermittlung eines Kindes einer der Elternteile seine Berufstätigkeit einschränkt oder für einen gewissen Zeitraum sogar ganz aufgibt, um seine gesamte Aufmerksamkeit der Integration des Kindes zu widmen. Dies ist allerdings nur möglich, wenn die Paare in finanzieller Hinsicht so gut abgesichert sind, dass sie ohne ein doppeltes Gehalt (oder zumindest mit einem geringeren Einkommen) auskommen können.

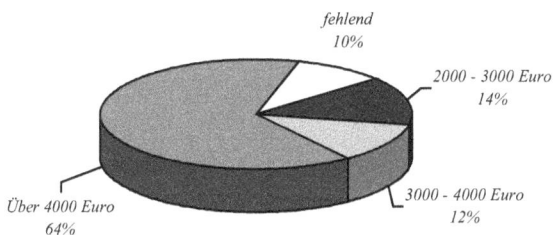

fehlend
10%

2000 - 3000 Euro
14%

3000 - 4000 Euro
12%

Über 4000 Euro
64%

Abbildung 5: Gemeinsames Durchschnittsbrutto-

einkommen pro Monat

Des Weiteren tragen die berufliche Qualifikation und die damit oft verbundene höhere berufliche Position in Verbindung mit dem guten Einkommen zu einem erfüllten Berufsleben bei. Dies trifft auch auf 83,4% der Fälle zu, die in ihrem Beruf und mit ihrer beruflichen Wahl sehr zufrieden bis zufrieden sind. Nur

---

[74] Bundesarbeitsgemeinschaft der Landesjugendämter, Oktober 2003, http://www.bagljae/Stellungnahmen/AdoptionsEmpfehlungen.pdf S. 16, s. auch Hoksbergen, 2000, S. 281
[75] ebd. S. 17

7,1% gaben an, lediglich teilweise mit ihrem Beruf zufrieden zu sein und einzig eine Person war unzufrieden mit dessen beruflicher Situation (Tab. 1).

Zufriedenheit	Häufigkeit	Prozent
sehr zufrieden	15	35,7%
Zufrieden	**20**	**47,6%**
teils teils	3	7,1%
Unzufrieden	1	2,4%
sehr unzufrieden	0	0%
Fehlend	3	7,1%
Gesamt	42	100%

Tabelle 1: Zufriedenheit im Beruf

2.2.1.3 Partnerschaft

Bei der Bewerberauswahl ist die partnerschaftliche Stabilität von großer Bedeutung.[76] Die Fachkräfte beobachten das partnerschaftliche Verhalten in den gemeinsamen Gesprächen der Adoptionsbewerbung sehr kritisch. Scheint dieses für die Fachkraft der Adoptionsvermittlung als krisenhaft, unbeständig und angespannt, kommen diese Bewerber für die Adoption eines Kindes nicht in Betracht. Erfahrungen in der Adoptionspraxis sprechen

---

[76]Jugendamt der Stadt Dortmund, 1999, S. 5

dafür, dass die Abbruchquote für Adoptionen in belasteten Ehen weitaus höher liegt.[77] Nicht selten sollen Kinder diesen Ehepaaren dabei helfen, Krisen und Probleme zu lösen und die Ehe zu „kitten".[78] Dies ist jedoch nicht im Sinne des Kindeswohls und muss aus pädagogischer Sicht unbedingt vermieden werden.

Adoptivbewerber, die den Bewerbungsprozess also bereits abgeschlossen haben und u.a. auf ihre partnerschaftliche Eignung hin geprüft wurden, wie dies bei den Bewerbern dieser Umfrage der Fall ist, zeichnen sich dementsprechend durch eine beständige, belastbare Partnerbeziehung aus.

Erkennbar wird dies bei den Teilnehmern auch durch die Beantwortung der Frage nach der „Zufriedenheit in der Partnerschaft" (Tab. 2). Dabei gaben 35 von 42 Personen an, „sehr zufrieden" zu sein und 5 Personen waren „zufrieden". Keiner der Männer und Frauen empfand die gemeinsame Partnerschaft als negativ oder unzufriedenstellend. Einzig 2 Personen machten die Angabe, in ihrer Beziehung nur teilweise glücklich zu sein, was möglicherweise mit dem unerfüllten Kinderwunsch zusammenhängen könnte. Inwieweit diese Frage jedoch von den Paaren ehrlich beantwortet wurde, muss in diesem Zusammenhang offen bleiben. Allerdings ist zu vermuten, dass nur wenige Teilnehmer Unzufriedenheiten in ihrer Ehe oder Partnerschaft preisgeben würden, sodass diesem Ergebnis vorsichtig zu begegnen ist.

---

[77] Kasten, Hartmut, 2000: Scheitern von Adoptiv- und Pflegeverhältnissen, in: Adoption, Positionen, Impulse, Perspektiven, S. 163
[78] Hennig, 1994, S. 104

Zufriedenheit	Häufigkeit	Prozent
sehr zufrieden	35	83,3%
zufrieden	5	11,9%
teils teils	2	4,8%
unzufrieden	0	0%
sehr unzufrieden	0	0%
Gesamt	42	100%

Tabelle 2: Zufriedenheit in der Partnerschaft

Da ein Kind von einem Paar nur gemeinsam angenommen werden kann, ist es nicht verwunderlich, dass alle 21 Paare miteinander verheiratet waren. Der Anteil der geschiedenen und wiederverheirateten Männer betrug 4,8%. Die Frauen lebten hingegen ausschließlich in erster Ehe.

Ehescheidungen sind bei Adoptiveltern eher seltener als bei anderen Paaren, was wiederum als Hinweis auf eine partnerschaftliche Stabilität zu verstehen ist.[79] Viele Paare sind zur Zeit der Adoptionsbewerbung und Vermittlung des ersten Kindes in der Regel schon einen längeren Zeitraum verheiratet und haben daher mögliche Krisen, wie die der ungewollten Kinderlosigkeit und partnerschaftliche Konflikte gemeinsam überstanden. Besonders aufgrund der Infertilität, die auch psychische Ursachen haben und die eine starke Belastung für die Partnerschaft sein kann, wurden wahrscheinlich von einigen Bewerberpaaren Paar- und Ge-

---

[79] Hoksbergen, 2000, S. 281; Schleiffer, Roland, 1997: Adoption: psychiatrisches Risiko oder protektiver Faktor, in: Praxis der Kinderpsychologie und Kinderpsychiatrie, S. 649

sprächstherapien in Anspruch genommen, welche die Beziehung stark festigen und Lösungsmöglichkeiten für weitere entstehende Konflikte bieten können, die für die Paare auch im weiteren Verlauf anwendbar sind.

2.2.1.4 Freizeitgestaltung

Aufgrund der guten Einkommensverhältnisse bietet sich den Bewerberpaaren und der zukünftigen Familie eine bessere Möglichkeit der Freizeitgestaltung als Familien mit geringen Einkommensverhältnissen. Unternehmungen kultureller Art wie Museumsbesuche, Theatervorführungen, Konzerte und Kinogänge können die Paare mit den ihnen zur Verfügung stehenden finanziellen Mitteln regelmäßig und ausreichend tätigen. Auch Urlaube und Ausflüge sowie unterschiedliche Medien wie Sportgeräte, Musikinstrumente, Spielzeug usw., ermöglichen den Paaren ein weites Spektrum Interessen und Kreativität auszuleben. Den Adoptivkindern eröffnet sich dadurch die Möglichkeit, dass ihre Vorlieben und Talente entdeckt und gezielt gefördert werden können, was einer positiven Persönlichkeitsentwicklung dienlich sein kann.

Die befragten Paare gaben zum Thema Freizeitgestaltung zu über 80% an, „sehr zufrieden" bis „zufrieden" mit jener zu sein. Wie in Tabelle 3 dargestellt war nur eine Person mit ihrer Freizeit-gestaltung „unzufrieden".

Zufriedenheit	Häufigkeit	Prozent
sehr zufrieden	13	31,0%
zufrieden	**21**	**50,0%**
teils teils	7	16,7%
unzufrieden	1	2,4%
Sehr unzufrieden	0	0%
Gesamt	42	100%

Tabelle 3: Zufriedenheit in der Freizeitgestaltung

2.2.1.5 Soziale und familiäre Kontakte

Ähnlich wurde auch auf die Frage nach der Zufriedenheit mit den sozialen und familiären Kontakten geantwortet. Insgesamt 95,2% waren mit ihren sozialen Kontakten zufrieden (Tab. 4). Die familiäre Situation war für 80,2% als positiv zu bewerten (Tab. 5).

Zufriedenheit	Häufigkeit	Prozent
sehr zufrieden	**20**	**47,6%**
zufrieden	**20**	**47,6%**
teils teils	1	2,4%
unzufrieden	1	2,4%
sehr unzufrieden	0	0%
gesamt	42	100%

Tabelle 4: Zufriedenheit mit den sozialen Kontakten

Zufriedenheit	Häufigkeit	Prozent
sehr zufrieden	**19**	**45,2%**
zufrieden	15	35,7%
teils teils	7	16,7%
unzufrieden	1	2,4%
sehr unzufrieden	0	0%
Gesamt	42	100%

Tabelle 5: Zufriedenheit mit der familiären Situation

Familie, Freunde und Bekannte sind für die Adoptiveltern von sehr großer Bedeutung, da diese in besonderem Maße auf emo tionale Unterstützung und Beistand angewiesen sind. Ein ausgeprägtes soziales Netz kann daher sowohl bei der Entscheidung für oder gegen eine Adoption hilfreich sein als auch mit Rat und Tat zur Seite stehen, wenn das Adoptivkind in die Familie eingegliedert wird. Krisensituationen, Erziehungsschwierigkeiten und Unsicherheiten können mit Hilfe dieser Netzwerke besser gelöst und überwunden werden. Zusätzlich können diese wichtigen Kontakte einen Beitrag dazu leisten, dass Adoptiveltern ihren gesellschaftlichen Sonderstatus akzeptieren und ihrem Kind gegenüber diesbezüglich eine offene Haltung einnehmen. Adoptiveltern, die nicht versuchen, dem Bild einer normalen leiblichen Familie nachzueifern und die die Adoptionsthematik nicht vermeiden und ihr ausweichen, sondern akzeptieren, dass ihre Familie anders ist, schaffen wiederum dem Kind eine weitaus entspanntere Atmosphäre.

Einen besonderen Stellenwert erhalten für Adoptivbewerber Menschen, die bereits ein Kind adoptiert haben und mit denen sie Erfahrungen, Ängste und Hoffnungen austauschen können. Die Abbildung 6 zeigt, dass weit über 50% der Adoptivbewerber Adoptivfamilien in ihrem sozialen Umfeld kannten und erhielten dadurch die Möglichkeit, sich am praktischen Beispiel zu orientieren und sich noch expliziter mit dem Thema auseinander zu setzen.

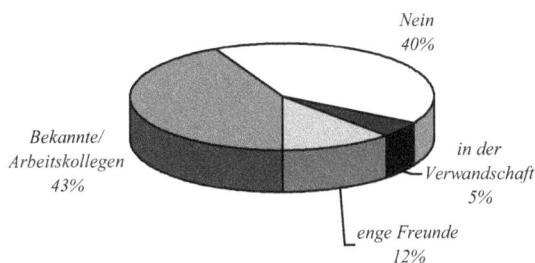

Nein
40%

Bekannte/
Arbeitskollegen
43%

in der
Verwandschaft
5%

enge Freunde
12%

Abbildung 6: Anteile bekannter Adoptivfamilien

Bei der Adoptionsvermittlung wird auf die Meinungen und den Willen von Familienangehörigen keine Rücksicht genommen (außer bei schon vorhandenen leiblichen Kindern).[80] Dennoch ist es von Vorteil, wenn der familiäre Kreis ebenfalls der Adoption zustimmt und das Kind als willkommenes Mitglied in die Familie integriert. Das Adoptivkind sollte die Möglichkeit haben, in einem möglichst vollständigen Verwandtschaftskreis aufzuwachsen, in dem es Großeltern, Tanten, Onkeln usw. hat, um auch von dieser Seite Fürsorge und Liebe zu erfahren. Das Kind lernt somit ein familiäres Netzwerk kennen, das in der Herkunftsfamilie zu einem großen Teil nicht existiert hat/ hätte und erhält hier, im günstigen Fall, zusätzlichen Rückhalt und Unterstützung.

---

[80] vgl. Oberloskamp, 2000, S. 125

2.2.2 Motive für die Annahme als Kind

2.2.2.1 Der Unerfüllte Kinderwunsch

Unter den Autoren und Adoptionsforschern besteht Einigkeit darüber, dass die ungewollte Kinderlosigkeit der häufigste Grund für die Adoption eines Kindes ist.[81] Auch die Ergebnisse meiner Befragung bestätigen diese Hypothese. Demnach war die Sterilität für 34 von 42 befragten Personen, also für 81%, ausschlaggebend für eine Adoption.

Auf der Suche nach den Ursachen der unfreiwilligen Kinderlosigkeit findet man in der Regel nicht nur einen expliziten Grund, sondern eine Zusammensetzung verschiedener Faktoren, welche zur Infertilität führen.[82] Oft besteht eine Wechselwirkung aus sozialen, psychologischen und biologischen Komponenten, die ursächlich an der Unfruchtbarkeit beteiligt sind.

Lange Zeit wurde angenommen, dass der Grund der Kinderlosigkeit ausschließlich bei den Frauen zu suchen sei. Mittlerweile kann jedoch aus medizinischer Sicht eindeutig belegt werden, dass Männer in beinahe gleichem Maße zur Kinderlosigkeit der Paare beitragen.[83] Daher sind medizinische Untersuchungen zur

---

[81] Textor, 1993, S. 43; Hennig, 1994, S. 98; Hoksbergen, 2000, S. 278
[82] Hennig, 1994, S. 103; von Hagens, Cornelia, 2000: Unfreiwellige Kinderlosigkeit – ein brennendes Problem – Aus medizinischer Sicht, in: Adoption, Positionen, Impulse, Perspektiven, S. 121
[83] Arndt, Joachim, 1993: Beratung ungewollt kinderloser Paare, in: Adoption: Grundlagen, Vermittlung, Nachbetreuung, Beratung, S. 144; von Hagens, 2000, S. 121

Abklärung und Ursachenfindung auch immer auf beiden Seiten durchzuführen.

In der Regel liegen der Unfruchtbarkeit organische Störungen zu Grunde. Bei Männern lässt sich anhand eines Spermiogramms die Beschaffenheit und Beweglichkeit der Spermien feststellen, die Aussagen über die Zeugungsfähigkeit liefern.[84] Die biologische Infertilität bei Frauen ist oft Folge von endokrinen, also hormonellen Störungen, fehlendem Eisprung und Störungen im Eileiterbereich. Auch ein mangelhaftes Immunsystem oder Schädigungen durch operative Eingriffe wie beispielsweise Abtreibungen können zur Sterilität führen.[85] Nicht selten sind derartige organische Beeinträchtigungen auf beiden Seiten der Paare nachzuweisen.

In etwa 10-15% aller Fälle liegen keine medizinischen Befunde für die Unfruchtbarkeit vor, sodass hier von einer ungeklärten bzw. idiopathischen Sterilität die Rede ist. Diese Paare sind aufgrund ihrer körperlichen und biologischen Verfassung in der Lage, ein Kind zu zeugen, wobei dennoch keine Schwangerschaft eintritt.[86]

Bei Paaren mit ungeklärter Sterilität ist sehr häufig von psychischen Ursachen auszugehen, die eine Schwangerschaft verhindern. Insbesondere übermäßiger (psychischer) Stress kann den gesamten Hormonhaushalt stark irritieren und dadurch die Chancen auf eine Schwangerschaft reduzieren. Psychische Ursachen

---

[84] Arndt, 1993, S. 144; von Hagens, 2000, S. 122
[85] Hennig, 1994, S. 103
[86] von Hagens, 2000, S. 121

sind jedoch auch bei den oben genannten organischen Befunden mit zu berücksichtigen. Sehr oft besteht bei Frauen und Männern, denen endokrine Störungen diagnostiziert wurden, ein Zusammenhang zwischen der psychischen Verfassung und den somatischen Befunden.[87] Darauf verweist die Tatsache, dass bei vielen Paaren, die sich nach medizinischen Eingriffen mit ihrer Sterilität abgefunden und von ihrem Kinderwunsch Abstand genommen haben, eine spontane, nicht geplante Schwangerschaft eintritt. Ähnlich ist dieses Phänomen bei infertilen Adoptivmüttern, bei denen nach der Vermittlung eines Adoptivkindes unerwartet eine Schwangerschaft gelingt.[88]

Ein Problem, dass im Zuge der modernen Gesellschaft die Fruchtbarkeit der Frau erheblich einschränkt, ist die Verwirklichung und Planung des Kinderwunsches auf ein immer später werdendes Lebensalter. Lange Ausbildungszeiten, die für Frauen ebenso wie für Männer zur Regel werden, die Berufslaufbahn und der Wunsch, vor dem Kind sein junges Leben voll ausgekostet zu haben, tragen dazu bei, dass das Durchschnittsalter der Paare bei der Familienplanung stetig steigt. Waren die Frauen 1977 bei der Geburt des ersten Kindes noch durchschnittlich 25 Jahre alt, so lag das Alter 1997 schon bei 28 Jahren, mit steigender Tendenz.[89] Die Fruchtbarkeit der Frau ist allerdings stark von ihrem Alter abhängig und sinkt dramatisch, je älter sie wird. So deutet

---

[87] Arndt, 1993, S. 144-145
[88] dieses Phänomen ist den Fachkräften der Adoptionsvermittlungsstellen durch die jahre-lange Erfahrung bekannt und wurde auch mehrfach in eigenem Umfeld beobachtet; vgl. dazu auch Arndt, 1993, S. 145; Wischmann, 2000, S. 141
[89] Wischmann, Tewes, 2000: Unfreiwillige Kinderlosigkeit – ein brennendes Problem – Aus psychologischer Sicht, in: Adoption, Positionen, Impulse, Perspektiven, S. 133

Wischmann[90] darauf hin, das 19-25 jährige Frauen pro Zyklus eine 30%ige Wahrscheinlichkeit haben, schwanger zu werden, während sich die Chancen bei Frauen zwischen dem 25.–33. Lebensjahr beinahe halbieren. Ein Anstieg ungewollt kinderloser Paare ist demnach in den nächsten Jahren zu erwarten.

Inwieweit sich Umwelteinflüsse bzw. Umweltgifte schädigend auf die Fruchtbarkeit von Mann und Frau auswirken ist vom heutigen Stand der Medizin noch nicht genau erforscht. Fest steht jedoch, dass ein hoher Nikotinkonsum sowie Alkohol und Drogen die Zeugungsfähigkeit zusätzlich stark gefährden können.[91]

In der heutigen modernen Gesellschaft bedeuten Kinder für viele Paare Lebensinhalt, Selbstverwirklichung und Sinnhaftigkeit des eigenen Lebens. Das Kind und seine Zeugung ist Ausdruck und Beweis der Zusammengehörigkeit und Liebe zum Partner. Die Diagnose der Infertilität stellt daher bei den Paaren einen schmerzhaften Einschnitt in ihr Leben dar, den zu überwinden es oft viele Jahre dauert. Gefühle der Hilflosigkeit, des Ärgers und Zorns sowie Trauer können die Partnerschaft in dieser Zeit sehr belasten.[92] Die Sterilität wird nicht selten als eigene Unfähigkeit und narzisstische Kränkung erlebt, die mit Schuldgefühlen, Minderwertigkeitsgefühlen und einem negativ gefärbten Köperbewusstsein einhergehen kann. Besonders Männer, denen eine Zeugungsunfähigkeit nachgewiesen wird, zweifeln an ihrer Män-

---

[90] ebd., S. 134
[91] MedizInfo, November 2003, http://www.medizinfo.de/annasusanna/sterilitaet/ursachen.htm
[92] Textor, Martin R., September 2003: Das Wissen von der Adoption – Einige praxisbezogene Hinweise auf dem Hintergrund des gegenwärtigen Forschungsstandes, http://people.freenet.de/Textor/Wissen.html

nlichkeit. Vielfach kommt es zu Schuldzuweisungen und Vorwürfen dem Partner gegenüber, bei dem die Sterilität diagnostiziert wurde, sodass Ehe- und Partnerschaftskonflikte die Folge sein können. Viele Paare sprechen in diesem Zusammenhang auch von einer Unzufriedenheit in der gemeinsamen Sexualität.[93]

Der Druck wird umso stärker, wenn diese Paare in ihrem sozialen Umfeld wie beispielsweise am Arbeitsplatz, im Freundeskreis, in der Familie etc. immer häufiger Beispiele einer gelungenen Schwangerschaft und Familienbildung vor Augen geführt bekommen. Fragen nach der eigenen Kinderplanung oder Wünsche nach Enkelkindern von den Eltern lassen die eigene Unzulänglichkeit und Scham immer wieder neu ans Tageslicht treten.[94]

Der entstandene Leidensdruck ist bei den Paaren oft so groß, dass sich viele für teure medizinische Alternativen entscheiden, um ihren Traum von einem Kind und einer Familie zu realisieren. Doch in nur etwa 60% der Fälle verlaufen diese erfolgreich.[95]

Erst nachdem alle Möglichkeiten der Medizin erschöpft wurden, entschließen sich viele Paare zur Adoption eines Kindes, welches häufig an Stelle des eigenen, leiblichen Kindes den leeren Platz ausfüllen soll.

Ein Adoptivkind kann jedoch nie die Geburt eines leiblichen Kindes ersetzen und wird zwangsläufig einen anderen Stellenwert einnehmen. Dennoch darf es nicht als Kind „zweiter Klasse" oder „zweiter Wahl" angesehen werden. Für die entstehende Eltern-

---

[93] Wischmann, 2000, S. 140
[94] Wischmann, 2000, S. 138

Kind-Beziehung ist es daher von elementarer Bedeutung, dass die Adoptiveltern Abschied von dem leiblichen Kinderwunsch nehmen und ihre Trauer- und Verlustgefühle verarbeiten.[96] Die Fachkraft der Adoptionsvermittlungsstelle sollte daher sehr bewusst auf unverarbeitete innere Konflikte und Gefühle eingehen und bei der Verarbeitung behilflich sein. Können die Adoptivbewerber ihren Verlust und ihre Trauer nicht überwinden, sollte die Fachkraft abwägen, inwieweit diese Paare für die hohen Anforderungen, die das Leben mit einem Adoptivkind an sie stellt.

2.2.2.2 Die Adoption aus humanitären Gründen

Zwar ist die unfreiwillige Kinderlosigkeit das häufigste Motiv, das zur Adoption eines Kindes führt, dennoch verfolgen die Adoptivbewerber mit dem Wunsch der Adoption vielfach nicht nur egoistische Ziele, sondern auch karitative oder christliche.[97] Die Befragung der 42 Teilnehmer ergab, dass neben der Sterilität als wichtigsten Grund für eine Adoption immerhin 35,7% einem Kind außerdem die Möglichkeit auf ein besseres Leben bieten wollten. Für sechs der befragten Adoptivbewerber war dies sogar der ausschließliche Beweggrund für eine Adoption.

---

[95] Adoptionsberatung online, September 2003, „Motive für eine Adoption",
http://www.adoptionsberatung.at/index.php/article/articleprint/16/-1/31/
[96] Adoptionsberatung online, September 2003, „Motive für eine Adoption",
http://www.adoptionsberatung.at/index.php/article/articleprint/16/-1/31/
[97] Textor, 1996, S. 515

Weiterhin wurden noch andere gesundheitliche Gründe außer der Sterilität als Motivation für eine Adoption erwähnt, wie beispielsweise Erbkrankheiten oder das Abraten des Arztes von einer Schwangerschaft aus diversen Gründen.[98]

Auch der Tod eines leiblichen Kindes kann ein Grund zur Adoption sein, was allerdings auf keines der 21 befragten Paare zutraf. Sollte dies der Fall sein muss die Fachkraft der Adoptionsvermittlungsstelle jedoch genau abwägen, ob die Vermittlung eines Kindes zu diesen Paaren wirklich dem Kindeswohl entspricht. Der Tod eines Kindes lastet gewöhnlich ein Leben lang auf den Eltern und der Familie, sodass die Wahrscheinlichkeit sehr groß ist, dass das Adoptivkind die Lücke des verlorenen Kindes schließen soll. Die Verantwortung, die das Kind dabei tragen müsste, ist in der Regel kaum zu bewältigen, was ein Scheitern des Adoptivverhältnisses als Folge nach sich ziehen könnte.[99]

---

[98] Textor, 1996, S. 515

2.2.3 Vorstellungen und Wünsche über das Adoptivkind

Viele Paare, denen der Wunsch nach einem eigenen Kind nicht erfüllt wurde, haben das Bedürfnis, ein Familienleben zu führen, das dem einer natürlichen Familie sehr ähnlich ist. Da schon das Erlebnis der Schwangerschaft und Geburt nicht erfahren werden konnte, möchten die Paare wenigstens ein sehr junges Kind bzw. einen Säugling adoptieren, um alle Stufen der Entwicklung des Kindes als auch des Elternseins zu erleben.

Es ist also nicht verwunderlich, dass mit 90,5% fast allen Adoptivbewerbern dieser Studie das Alter des Kindes zum Zeitpunkt der Vermittlung sehr wichtig war und das für 71,4% das Wunschalter des Adoptivkindes bei höchstens einem Jahr lag. Nur 23,8% waren bereit, ein Kind mit einem maximalen Lebensalter von 5 Jahren zu adoptieren. Ein noch älteres Kind kam für keines der Paare in Betracht. Ebenso weisen die Daten das Statistischen Bundesamtes darauf hin, dass Fremdadoptionen vorwiegend im Kindesalter von 1-3 Jahren stattfinden.[100] Es ist also davon auszugehen, dass die Ergebnisse dieser Untersuchung, bezüglich des Wunschalters des Adoptivkindes, auf Adoptivbewerber allgemein zutreffend sind.

Die Adoptivbewerber wurden in diesem Zusammenhang außerdem nach Vorstellungen und Wünschen bezüglich des Aussehens des Kindes befragt. Dieses schien für die Adoptivbewerber keine

---

[99] Hennig, 1994, S. 104

wesentliche Rolle zu spielen. Von 42 Befragten antworteten 40, dass ihnen das äußere Erscheinungsbild des Kindes unwichtig sei und sie keine genauen Vorstellungen darüber besäßen. Auch eine Ähnlichkeit zu eigenen äußerlichen Merkmalen waren für 81% nicht relevant.

Im Hinblick auf die Adoption könnte dies bedeuten, dass die Adoptivbewerber auch ein Kind vermittelt bekommen könnten, das überhaupt keine Ähnlichkeiten mit der Adoptivfamilie aufweist. Der Adoptivstatus wäre folglich auch für Außenstehende immer erkennbar, sodass die Adoptiveltern immer wieder mit Fragen und Äußerungen aus der Umwelt konfrontiert würden, mit denen sie sich auseinandersetzen müssten. Es ist daher der Rückschluss erlaubt, dass diese Adoptivbewerber einen sehr offenen Umgang mit dem Adoptivstatus führen (werden), was wiederum positive Auswirkungen auf das Kind haben kann.

Erstaunlicherweise war ein großer Teil der Testpersonen bereit, ein Kind mit Behinderungen aufzunehmen. Insgesamt waren 45,2% geneigt, bestimmte Behinderungen des Adoptivkindes zu akzeptieren und es dennoch zu adoptieren. Sogar zwei der befragten Bewerber waren grundsätzlich gewillt, ein behindertes Kind als ihr eigenes anzunehmen und machten dabei keine Einschränkungen (Tab. 6). Inwiefern diese Fragen wahrheitsgemäß beantwortet wurden, muss an dieser Stelle ungeklärt bleiben.

---

[100] vgl. dazu das Diagramm und den Text in Kapitel 3.1.2, S. 72

Bereitschaft	_Häufigkeit_	_Prozent_
ja	2	4,8%
nein	19	45,2%
kommt auf die Behinderung an	19	45,2%
fehlend	2	4,8%
gesamt	42	100,0%

Tabelle 6: Bereitschaft zur Annahme eines behinderten Kindes

Für das Jugendhilfesystem könnte dieses Resultat von großer Bedeutung sein, wurde bisher doch immer davon ausgegangen, dass behinderte Kinder nicht oder zumindest äußerst schwer vermittelbar seien. An dieser Stelle wird noch einmal besonders deutlich, warum Studien und statistische Erhebungen für die Jugendhilfepraxis und die soziale Arbeit allgemein von so großer Relevanz sind. Auf diese Weise ließe sich feststellen, ob es sich hierbei um ein zufälliges Ergebnis handelt oder ob Adoptivbewerber im Allgemeinen offener gegenüber der Adoption von behinderten Kindern stehen als bisher vermutet wurde. In diesem Fall ist hierin nämlich ein großes, unausgeschöpftes Potenzial für Adoptivkinder zu erkennen, wobei weitere Untersuchungen noch differenzierter klären müssten, bis zu welchem Behinderungsgrad die Adoptivbewerber bereit wären, ein Kind zu adoptieren. Schon Paulitz[101] weist darauf hin, dass sich immer mehr Adoptivbewerber auch für behinderte und schwer vermittelbare Kinder interessieren und nicht abgeneigt sind, diese zu adoptieren. Positive Beispiele belegen, dass auch diese Kinder er-folgreich in Adoptivfamilien platziert und integriert werden können.[102]

Es stellt sich also die Frage, warum behinderte und schwer vermittelbare Kinder immer noch so selten ein zu Hause in Adoptivfamilien finden, obwohl sie häufig von ihren Eltern zur Adoption freigegeben werden und einer Adoption rein rechtlich gesehen nichts mehr im Wege steht.[103] Die häufige Argumentation der Adoptionsvermittlungspraxis, dass für behinderte, ältere und verhaltensauffällige Kinder, die jedoch durchaus familien- und integrationsfähig sind, keine geeigneten Eltern gefunden werden können und dass keiner diese Kinder adoptieren möchte, kann zumindest in dieser Untersuchung nicht bestätigt werden. Viel eher ist das Problem bei den Vermittlungsstellen selber anzutreffen, die die Adoptivbewerber bei diesen Entscheidungen nicht genügend unterstützen und mit ausreichenden Beratungs- und Hilfemöglichkeiten zur Seite stehen.[104] Die Fachkräfte sollten dahingehend noch aktiver werden und ihrem gesetzlichen Auftrag, Adoptiveltern für ein Kind zu finden (§ 7 Abs. 1, 3 AdVermiG) noch gerechter zu werden

---

[101] Paulitz, 1997, S. 68
[102] Paulitz, 2000, S. 2
[103] ebd.
[104] ebd.

2.2.4. Der Umgang mit der Adoptionsthematik in der Adoptivfamilie

2.2.4.1 Einstellungen der Adoptivbewerber zur Aufklärung des Kindes über den Adoptivstatus

Die Aufklärung des Adoptivkindes über seine Adoption ist ein wichtiger Erziehungsauftrag, den die Adoptiveltern zu erfüllen haben. Adoptionsvermittler, Fachliteratur, Beratungsstellen u.ä. weisen immer wieder auf die Wichtigkeit des offenen Umgangs mit der Adoption hin.[105] Die Frage, ob ein Kind über die Adoption aufgeklärt werden sollte, wird ausdrücklich bejaht und dürfte an sich gar nicht erst gestellt, sondern sollte als selbstverständlich betrachtet werden und schon im frühen Kindesalter Anwendung finden. In dieser Untersuchung sollte dennoch festgestellt werden, ob die Adoptivbewerber dieselbe Einstellung vertreten oder ob sie ihr Kind über die Tatsache, dass es adoptiert wurde, unwissend lassen wollen.

Das Resultat dieser Befragung war eindeutig. Alle 42 Personen waren sich darüber einig, dass ihr Kind von der Adoption erfahren sollte. Beinahe ebenso eindeutig antworteten die Paare auf die Frage nach dem Zeitpunkt der Aufklärung, der für 83,3% „von Anfang an" der Richtige erschien. Nur 16,7% waren sich über den Zeitpunkt noch nicht ganz schlüssig. Keiner der Befragten

---

[105] Über die Notwendigkeit der Aufklärung des Kindes über den Adoptivstatus wird im späteren Kapitel 3.2.3 ausführlich berichtet

wollte dem Kind erst in der Pubertät oder wenn es das 18. Lebensjahr erreicht hat, seine Adoption mitteilen.

Aus diesen Antworten lässt sich schließen, dass sich die Adoptivbewerber sehr genau mit diesem Teil der Adoption beschäftigt und sich genau informiert haben bzw. dass sie ausführlich beraten wurden. Sie bilden mit der Umsetzung einer frühzeitigen Aufklärung des Kindes ein wichtiges Fundament für Vertrauen und Ehrlichkeit in der Eltern-Kind-Beziehung, sowie für die Identitätsentwicklung des Kindes.

2.2.4.2 Der Kontakt zu den leiblichen Eltern

Die Beantwortung der Frage nach einem Kontakt zu den leiblichen Eltern des Kindes gestaltet sich dagegen etwas widersprüchlich. Sie ist zu unterteilen in die Frage, ob die Adoptiveltern Kontakt zu den leiblichen Eltern des Kindes wünschen und in die Frage, ob die Adoptivkinder Kontakt zu den leiblichen Eltern haben dürfen.

Auf Seiten der Adoptiveltern befürworteten 19 von 42 Personen den Kontakt zu den leiblichen Eltern. Fast ebenso viele, und zwar 18 Personen, wollten keinen Kontakt zu den Eltern. 5 Personen beantworteten diese Frage nicht. Es bliebe in einer anderen Studie weiter zu untersuchen, wie der Kontakt zwischen den Adoptiveltern und leiblichen Eltern aussehen soll.

Ein ähnliches Ergebnis wäre vermutlich auch auf die Frage zum Kontakt zwischen leiblichen Eltern und Adoptivkind zu erwarten. Das Resultat zeigt aber, dass mit 92,9% fast alle Adoptiveltern nichts gegen einen regelmäßigen Kontakt zwischen den beiden Parteien einzuwenden hätten. Nur 4,8% sprachen sich gegen einen Kontakt aus und eine Person beantwortete diese Frage nicht.

Die Hälfte der Adoptiveltern war der Meinung, dass ein Kontakt zwischen Kind und Eltern erst zustande kommen sollte, wenn das Kind in der Lage ist, dies selber entscheiden zu können, wie aus Abbildung 8 ersichtlich wird. Dies setzt ein gewisses Maß an Reife und somit ein höheres Alter des Kindes voraus, um diese Entscheidung treffen zu können. Es ist daher wahrscheinlich, dass diese Adoptivkinder die leiblichen Eltern erst im Jugend- oder Erwachsenenalter kennen lernen würden. Immerhin knapp ein Viertel sprach sich für einen Kontakt „von Anfang an" aus. Wie dies sich mit der Gegebenheit vereinen lässt, dass die Adoptiveltern selber, wie oben analysiert, keinerlei Kontakt zu den leiblichen Eltern haben wollen, wird hieraus nicht erkennbar.

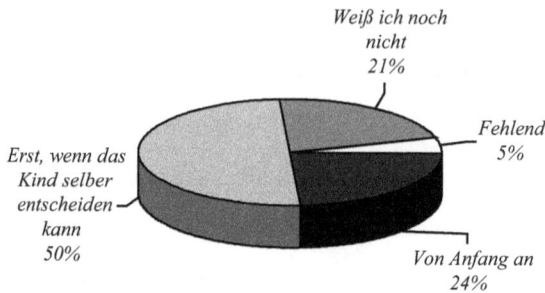

Weiß ich noch
nicht
21%

Fehlend
5%

Erst, wenn das
Kind selber
entscheiden
kann
50%

Von Anfang an
24%

Abbildung 7: Gewünschter Zeitpunkt des Kontaktes

zwischen Kind und leiblichen Eltern

Hier stellt sich die Frage der Realisierung, wenn ein kleines Kind möglicherweise Besuchskontakt zu den leiblichen Eltern halten darf und die Adoptiveltern jede Art der Kommunikation mit den Eltern ablehnen. Eine Antwort könnte möglicherweise die Fragestellung geben, welche Art von Kontakt zwischen dem Kind und den biologischen Eltern erlaubt oder gar gewollt ist. Bei dieser Frage waren Mehrfachantworten möglich.

Auch in diesem Fall überließen die meisten Adoptiveltern, nämlich 76,2% von 100 dem Kind die Entscheidung, wie es sich selbst den Kontakt vorstellt (Abb. 9). Nur insgesamt 35,7% wollten den Kontakt nach ihren Vorstellungen für ihr gemeinsames Familienleben eingrenzen, indem sie abgesprochene Besuche (21,4%) oder Telefonate bzw. Briefe (14,3%) zwischen den beiden Seiten als sinnvoll erachteten und somit zunächst einmal die Kontrolle über das Ausmaß des Kontaktes behalten wollten.

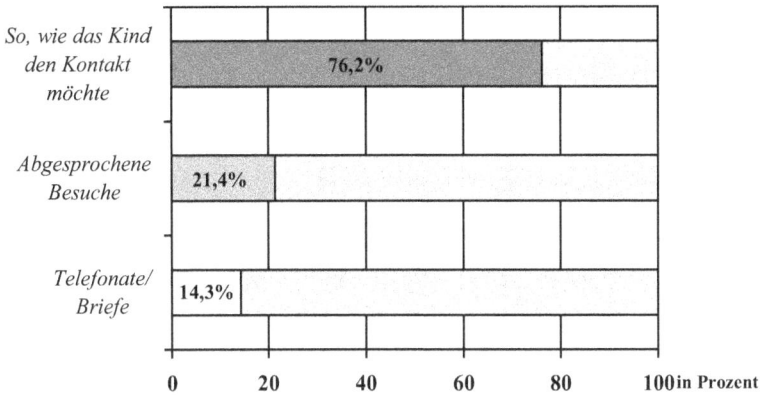

So, wie das Kind den Kontakt möchte — 76,2%

Abgesprochene Besuche — 21,4%

Telefonate/Briefe — 14,3%

0 20 40 60 80 100 in Prozent

Abbildung 8: Gewünschte Art des Kontaktes zwischen

Kind und leiblichen Eltern

Das Problem der Realisierung kann nach diesen Antworten nicht gelöst werden. Sollte das Kind von Anfang an entscheiden dürfen und würde sich dies Kontakt zu den leiblichen Eltern in Form von gegenseitigen Besuchen wünschen, so ist der Kontakt zu den Adoptiveltern in meinen Augen unvermeidbar. Die einzige Möglichkeit bestünde darin, dass der Kontakt durch Übermittlung der Adoptionsfachkraft zustande kommen könnte. Ob dies jedoch sowohl für Kind als auch Adoptiveltern als sinnvoll zu erachten ist, bleibt fraglich. Darüber hinaus wäre es interessant durch weitere Befragungen festzustellen, aus welchen Gründen die Adoptivbewerber keinen Kontakt zu den leiblichen Eltern wünschen.

Insgesamt lässt dieser Punkt einige Fragen offen, die Anhand des Fragebogens und der zur Verfügung stehenden Antworten leider nicht genau erörtert werden können. Nichtsdestotrotz wird erkennbar, dass sich die Adoptivbewerber in dieser Angelegenheit selbst noch nicht ganz einig sind, wie sie die leiblichen Eltern des Kindes mit in die Familie integrieren wollen und dass es hier möglicherweise noch Aufklärungsbedarf von den Adoptionsfachkräften bedarf.

2.2.5 Kindheitserlebnisse der Adoptiveltern in der Herkunftsfamilie

In der Erziehungshaltung der Eltern spiegeln sich Empfindungen und Gefühle aus der eigenen Kindheit und dem erlebten Familienleben wider.[106] Erwachsene, die in stabilen Verhältnissen aufwuchsen, in denen sie Geborgenheit, Unterstützung und Liebe sowie Erziehung und die Vermittlung von Werten und Normen erfahren haben, geben diese Erfahrungen meist im Umgang mit ihren eigenen Kindern weiter. Im Gegensatz dazu können Eltern, die in ihrer Kindheit eher in unbeständigen, wenig unterstützenden Familienverhältnissen aufgewachsen sind, bei der Erziehung ihrer Kinder nicht auf eigene positive Erfahrungswerte

---

[106] Hoksbergen, 2000, S. 281; Berger, Margarete, 1993: Beratung von Adoptivfamilien. Die kinderpsychiatrisch - kinderpsychotherapeutische Perspektive, in: Adoption: Grundlagen, Vermittlung, Nachbetreuung, Beratung, S. 223

zurückgreifen und diese anwenden. Ebenso ist die Persönlichkeitsstruktur bei diesen Erwachsenen labiler und weniger gefestigt als bei Menschen, die eine Kindheit in einem geregelten Umfeld hatten.

Dabei muss jedoch darauf hingewiesen werden, dass diese Thesen nicht zu pauschalisieren sind. Frauen und Männer, die aus sozial schwachen Familien stammen, können ebenfalls gute Elternqualitäten aufweisen. Auch umgekehrt ist der Rückschluss, dass Erwachsene aus „guten" Familien bessere Eltern sind, nicht zulässig. Hierbei wird lediglich auf die Tendenz verwiesen, dass Menschen erlernte Strukturen aus ihrer Kindheit auch in ihrem weiteren Leben umsetzen und somit die Annahme gerechtfertigt ist, dass Eltern, die selbst ein gutes Elternhaus erlebt haben, ihren Kindern ein solches ebenso bieten werden.

Bezogen auf die Vermittlung eines Adoptivkindes heißt das, dass die Fachkraft während des Bewerbungsprozesses auch immer nach den Familienstrukturen aus der eigenen Kindheit fragt und Genogramme zur Verdeutlichung der Persönlichkeit und des Charakters erstellt.[107] Diese helfen dabei festzustellen, wie gefestigt und belastbar die Adoptivbewerber aufgrund ihres Familienzusammenhalts sind, was von zentraler Bedeutung für die Adoption eines Kindes ist. In diesem Zusammenhang wurden die Adoptivbewerber in dieser Befragung nach ihrem Familienleben in der Kindheit und Jugend gefragt und sollten ihre Empfindungen diesbezüglich bewerten.

---

[107] Gauly, Knobbe, 1993, S. 158 ff

Bei dem Großteil der Paare (64,3%) waren die Eltern zum Zeitpunkt der Befragung immer noch in erster Ehe verheiratet, bei 14,3% war ein Elternteil verwitwet und nur 14,3% der Eltern waren geschieden. Dieses Ergebnis lässt eine glückliche und zufrieden partnerschaftliche Beziehung bei den Eltern der Adoptivbewerber, die in der Regel auch immer eine Vorbildfunktion besitzen, vermuten. Die Adoptivbewerber sind in einer vollständigen Familie, mit beiden Elternpaaren aufgewachsen und haben (höchstwahrscheinlich) eine intakte Partnerschaft ihrer Eltern erlebt.

Fast alle Adoptivbewerber empfanden in ihrer Familie einen starken Familienzusammenhalt (85,7%) sowie Harmonie und Ausgeglichenheit, was auf 71,4% zutraf. Streitigkeiten und aggressive Verhaltensweisen waren laut der Aussagen der Bewerber eher selten. Die Familiensituation zeichnete sich eher durch Geborgenheit (90,5% aller Befragten), liebevollen Umgang (85,7%) und Unterstützung (83,4%) aus.

Viele Adoptivbewerber wuchsen mit Geschwistern auf. Von 42 Bewerbern hatten 30 noch weitere Geschwister. Davon hatten 17 Personen häufig und 13 gelegentlichen Kontakt zu diesen. Durch das Aufwachsen mit Geschwistern konnten die Adoptivbewerber gute soziale Kompetenzen wie Konfliktlösung, Kompromissbereitschaft und vieles mehr erwerben, von denen sie im Umgang mit anderen Menschen und mit eigenen Kindern profitieren können.

Wie erwartet, ergaben die Antworten, dass die Adoptivbewerber aus sehr stabilen Familienverhältnissen stammen. Demnach ist zu vermuten, dass sie gute Voraussetzungen zur Erziehung eines Adoptivkindes mitbringen und diese auch umsetzen.

2.3 Fazit aus den gewonnen Ergebnissen

Aus der Analyse der durchgeführten Untersuchung und der Literatur ist festzuhalten, dass sich diese Adoptivbewerber in vielerlei Hinsicht als geeignet herausstellen.

Sie verfügen über eine gute Bildung und bereiten sich mittels der zahlreichen zur Verfügung stehenden Informationsmaterialien umfassend auf die bevorstehende Adoption vor. Der Bruttoverdienst der Bewerberpaare liegt in einem guten durchschnittlichen Bereich und ermöglicht einen gehobenen Lebensstandard. Die Bewerber gehören der oberen Mittelschicht an. Die eheliche Partnerschaft zeichnet sich durch das Zusammenhalten und Durchstehen krisenhafter Zeiten und eine große Stabilität aus und schafft dem Adoptivkind eine gefestigte Basis mit beiden Elternteilen, in der es Aufwachsen kann.

Die Adoptivbewerber verfügen über ein gut gestricktes soziales Netzwerk, das sie bei entstehenden Konflikten unterstützt und auffängt und somit dazu beitragen kann, dass diese nicht eskalieren. Insgesamt sind die Bewerberpaare mit ihrer allgemeinen Lebenssituation sehr zufrieden, sodass das Adoptivkind in seiner neuen Adoptivfamilie die Möglichkeit hat, in einer entspannten Atmosphäre zu leben und nicht nur als Ausgleich oder der Befriedigung der eigenen Unzufriedenheit dient.

Wünsche bezüglich des Adoptivkindes wurden nur Im Zusammenhang mit dem Alter geäußert, das fast bei allen Paare einheitlich auf unter einem Jahr festgelegt wurde. Dem Aussehen des Adoptivkindes wurde von vielen Adoptivbewerbern eine geringe Bedeutung zugemessen, sodass sie es in Kauf nehmen würden, wenn das Kind sich vom Erscheinungsbild der Familie deutlich unterscheidet. Auch eine Behinderung des Kindes war für beinahe die Hälfte der Bewerber kein Grund, die Adoption eines Kindes abzulehnen.

Die Bewerberpaare wuchsen überwiegend in harmonischen und stabilen Lebensverhältnissen auf und erfuhren in ihrer Kindheit einen liebevollen Umgang und ein strukturiertes Familienleben, das sie in der Erziehung eines Adoptivkindes weiter geben können.

Diese Ergebnisse weisen auf äußerlich erkennbare Vorteile und positive Eigenschaften der Adoptivbewerberpaare hin, die für den Betrachter durchaus als eine Eignung verstanden werden können. Dennoch kann eine hundertprozentige Voraussage, ob die Vermittlung erfolgreich verläuft, durch ein derartiges Fragebogenverfahren oder durch diese gewonnenen Informationen nie gemacht werden, sondern können nur als Hinweise verstanden werden.

Eine Adoptionseignung ergibt sich eben nicht nur aus einem hohen Bildungsstand, einem guten Einkommen oder der Schichtzugehörigkeit, die zwar sicherlich Vorteile bringen, sondern hängt viel mehr von der Persönlichkeit und dem Charakter der Paare ab. Vielfache Gespräche sind notwendig, um die Erziehungsfähigkeit, Strategien der Problembewältigung, emotionale Belastbarkeit, Toleranz und ähnliche Vorraussetzungen für eine

Eignung eines Paares als Adoptiveltern zu erkennen. Dementsprechend sind eben auch solche Bewerberpaare als Adoptiveltern geeignet, die eine mittelmäßige Bildung erfahren haben und über ein geringeres Einkommen verfügen. Umso mehr ist der Sachverstand und die Menschkenntnis der Adoptionsfachkraft gefragt, die die Stärken der Bewerber erkennen muss, die auf den ersten Blick vielleicht nicht so viel bieten können, aber ebenso auch die möglichen Schwächen der Bewerber erkennen und abwägen muss, die in materieller und intellektueller Hinsicht mehr Ressourcen aufweisen.

Es wird deutlich, dass es für eine Adoptionseignung keine normativen Bewerbungsverfahren gibt und sie es auch nicht geben darf. Es sei nochmals erwähnt, dass besonders bei dem Ausfüllen von Fragebögen nicht immer wahrheitsgemäß geantwortet wird, so dass ein falscher Eindruck von den Adoptivbewerbern entstehen kann. Bestimmte Vorzüge, Eigenschaften und Eignungen können daher nur vermutet werden.

Des Weiteren kann selbst bei hoher Kompetenz der Fachkraft eine nie garantiert werden ob eine Adoption gelingt. Eine festgestellte *Adoptionseignung* ist daher eher als eine *Adoptionseignungs-Vermutung* anzusehen, die die Fachkraft im verantwortungsbewussten Handeln aufstellen und begründen, aber nie versichern kann.

3. Die Adoptivfamilie – Gelingen und Scheitern von Adoptionsverhältnisses

3.1 Das Adoptivkind und seine Herkunftsfamilie

3.1.1 Die Schwangerschaft

Adoptivkinder werden in ungünstige familiäre Verhältnisse geboren. Schon während der Schwangerschaft erlebt das ungeborene Kind im Mutterleib häufig eine bewusste oder unbewusste Ablehnung der Mutter,[108] die ihre ungewollte Schwangerschaft oft als großes Unglück empfindet, dem sie sich in vielerlei Hinsicht nicht gewachsen fühlt. Oft führen die Mütter kein selbstständiges, finanziell unabhängiges Leben und befinden sich in wirtschaftlichen Notlagen, bis hin zur Obdachlosigkeit. Laut Textor's[109] umfangreicher Bayernstudie werden finanzielle Schwierigkeiten als häufigster Grund für die Adoptionsfreigabe genannt. Insgesamt gehören die leiblichen Mütter vielfach der gesellschaftlichen Unterschicht an.[110] In ihrem Familien- und Freundeskreis sowie vom Kindsvater finden die oft noch sehr jungen Frauen keinerlei

---

[108] Krolzik, Volker, 1999: Adoptionen – Alternative oder Ergänzung der Hilfen zur Erziehung, in: Pflegekinder und Adoptivkinder im Focus, S. 84
[109] Textor, 1996, S. 509
[110] Textor, September 2003: Vergessene Mütter, die nicht vergessen können. Leibliche Eltern von Adoptivkindern, http://www.sgbviii/S15.html

Unterstützung oder werden teilweise unter noch größeren Druck gesetzt, die sie zur Adoptionsfreigabe zwingen.[111]

Nicht selten wuchsen diese Frauen selbst in instabilen Familienverhältnissen oder in Heimen, bzw. bei Pflegeeltern auf und sind selber psychisch stark vorbelastet,[112] haben also nur wenig emotionale Ressourcen, um ein Kind großzuziehen. Teilweise steht hinter diesen meist schlechten Erfahrungen der Wunsch, seinem Kind ein besseres Leben zu ermöglichen und ihm ein ähnliches Leben wie das eigene zu ersparen.

Das ungeborene Kind wiederum spürt, dass es nicht erwünscht ist und nicht geliebt wird,[113] was negative Folgen für die pränatale Entwicklung des Fötus haben kann. Untersuchungen belegen, dass das Vorkommen an Frühgeburten bei Adoptivkindern deutlich höher und Komplikationen bei der Entbindung häufiger anzutreffen sind, als bei Müttern, die sich auf ihr Kind freuen.[114] Inwieweit sich diese frühkindliche Belastung auf das weitere Leben des Kindes auswirkt kann, wurde bisher noch nicht genauer geklärt. Fest steht jedoch, dass das ablehnende Verhalten der Mütter, das schon während der Schwangerschaft besteht, meist auch nach der Geburt des Kindes bestehen bleibt, sodass davon auszugehen ist, dass die Mutter-Kind-Bindung auch nach der Geburt gestört sein dürfte. Dies hat wiederum negative Auswirkungen auf die Bindungsfähigkeit des Kindes, was den Be-

---

[111] Swientek, Christine, 1993: Beratung für `abgebende Mütter' vor und nach der Freigabe des Kindes, in: Adoption: Grundlagen Vermittlung, Nachbetreuung, Beratung, S. 167-168
[112] Paulitz, 1997, S. 41
[113] Levend, Helga, 1994: Unerwünscht – und doch ausgewählt. Adoptierte auf der Suche nach ihrer Identität, in: Psychologie heute, S. 44
[114] Hennig, 1994, S. 119

ziehungsaufbau zu anderen Personen, insbesondere zu den späteren Adoptiveltern, extrem erschweren kann.

Ein weiterer Negativfaktor, der das Kind schon während der Schwangerschaft stark schädigen kann, ist der Drogen- und Alkoholkonsum, den manche Mütter auch während der Schwangerschaft nicht beenden und somit die geistige und die körperliche Gesundheit des Kindes nachhaltig stark beeinflussen. Genannt sei hier besonders die Alkoholembryopathie (AE),[115] die eine hierzulande häufige Folgeerscheinung darstellt. Diese ist in drei Schädigungsgrade zu unterteilen. Fast alle Kinder mit AE sind geistig unterentwickelt (lernbehindert), was eine AE der Stufe I bedeutet, oder weisen gar den höchsten Grad (Stufe III) der geistigen Behinderung auf.[116] Neben der Schädigung der geistigen Fähigkeiten können als Folge auch körperliche Fehlbildungen, Wachstumsstörungen, Hyperaktivität und Konzentrationsstörungen entstehen.[117]

Hinzu kommt, dass sich eine Drogensucht der Mutter während der Schwangerschaft und der regelmäßige Drogenkonsum in dieser Zeit, insbesondere von harten Drogen wie Heroin, auf das ungeborene Kind im Mutterleib überträgt, welches nach der Geburt bereits eine Art Entzug mit allen entsprechenden Symptomen erleidet und dementsprechend eine medizinische Behandlung benötigt.[118]

---

[115] Majewski, Brigitte und Frank, 1999: Kinder alkoholkranker Mütter, in: Pflegekinder und Adoptivkinder im Focus, S. 193
[116] ebd., S. 198 ff
[117] ebd., S. 194-200
[118] Theile, Ursel, 1999: Genetische Fragestellungen bei der Beratungs- und Vermittlungsarbeit, in: Pflegekinder und Adoptivkinder im Focus, S. 188

3.1.2 Die leibliche Mutter im Entscheidungskonflikt

Regelmäßiger Substanzmissbrauch sowie andere schwere Pflicht-
verletzungen des Sorgerechts sind Gründe für eine vormund-
schaftliche Ersetzung der Einwilligung in die Adoption (§ 1748
BGB). Swientek schätzt, dass etwa ein Fünftel aller Adoptionen
wegen gröblicher Sorgerechtsverletzungen gegen den Willen der
Mütter/ Eltern geschehen.[119] Werden Kinder aus diesen Gründen
den Eltern entzogen, ist es kaum verwunderlich, dass häufig eine
Reihe traumatischer Erfahrungen hinter ihnen liegen, die ihre
Entwicklung ungünstig beeinflussen.

In den seltensten Fällen geben die Mütter ihre Kinder freiwillig
zur Adoption frei.[120] Der Zeitpunkt der Abtreibung ist in den
meisten Fällen überschritten, wie dies bei 47% der Frauen in
Textors[121] Bayernstudie der Fall war oder ein Schwangerschafts-
abbruch wird grundlegend abgelehnt, bei Textor betraf dies 39%
der Frauen, sodass die Mütter ihr Kind austragen müssen. Fast
immer befinden sich die Mütter in einer persönlichen Krise, der
sie nicht länger standhalten können, sodass die Weggabe des
Kindes den letzten, schmerzhaften Ausweg darstellt.

Der Entscheidungsprozess für eine Adoption ist meist sehr langwierig. Die Aufgabe des Sozialpädagogen besteht darin, die wer-
dende Mutter eingehend über Hilfen und Möglichkeiten zu beraten und mit ihr gemeinsam eine Lösung zu finden. Dabei muss

---

[119] Swientek, 1993, S. 167 ff
[120] ebd.
[121] vgl. Textor, 1996, S. 509

sehr vertrauensvoll und mit viel Verständnis für die Betroffene, die wahrscheinlich in ihrem Umfeld nur wenig Respekt und Hilfe erfährt, vorgegangen werden. Die Fachkraft sollte versuchen, die Mutter dahingehend zu bestärken, das Kind mit den ihr zustehenden finanziellen, psychologischen und pädagogischen Hilfen alleine großzuziehen.[122] Entscheidet sich die Mutter dennoch für eine Adoption, so beginnt für sie ein sehr schmerzhafter Ablösungsprozess, in dem es sehr viel Unterstützung und Beistand bedarf, die die Fachkraft der Adoptionsvermittlungsstelle leisten sollte.[123]

3.1.3 Der Aufenthalt des Adoptivkindes vor der Adoption

In der Regel versuchen die Mütter ihre ausweglose Situation noch in den Griff zu bekommen und entscheiden sich, ihr Kind alleine großzuziehen. Doch meist ist die Belastung zu groß, sodass sich die Kinder vor der Adoption häufig in einem Zustand der körperlichen und seelischen Vernachlässigung und Verwahrlosung (= Deprivation) befinden, mit physischer und psychischer Gewalt und sexuellem Missbrauch und mit der Konfrontation der Drogen- und Alkoholsucht der Mütter/ Eltern aufwachsen.[124] Selten erleben sie in ihrem Leben Struktur und Kontinuität, vermissen

---

[122] Paulitz, 1997, S. 49
[123] ebd., S. 42
[124] Hoksbergen, 2000, S. 268

oft Liebe, Geborgenheit und Schutz durch ihre Eltern und weisen daher zum Zeitpunkt der Adoption Entwicklungsrückstände auf.[125]

Die regelmäßige Unterbringung des Kindes in Heimen oder Pflegefamilien und der dadurch bedingte ständige Wechsel der Bezugspersonen sind daher keine Seltenheit. Die Abbildung 10 zeigt den vom Bundesamt für Statistik[126] ermittelten Aufenthalt der Adoptivkinder (insgesamt 5909) vor ihrer Adoption im Jahr 2001:

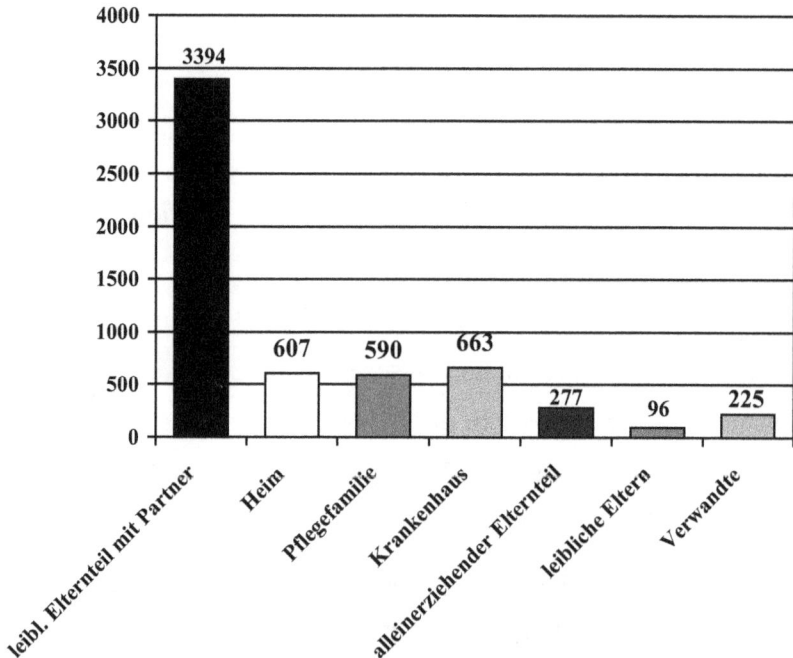

Abbildung 9: Der Aufenthalt der Adoptivinder vor ihrer Adoption, im Jahr 2001

---

[125] Bundesverband der Pflege- und Adoptiveltern, 1997, S. 132

Die Daten belegen, dass der größte Teil der Kinder vor ihrer Adoption in Fremdunterbringung d.h. in Heimen (607 Kinder), in Pflegefamilien (590 Kinder) und im Krankenhaus (663 Kinder) oder aber bei Verwandten (225 Kinder) untergebracht waren. Im Fall der 3394 Kinder, die vor der Adoption bei einem leiblichen Eltern und dessen Partner lebte, dürfte es sich zum großen Teil um Stiefkindadoptionen handeln, die für diese Ausarbeitung nicht relevant sind und nicht weiter beachtet werden sollen. Bei ihren leiblichen Eltern bzw. bei ihrem alleinerziehenden Elternteil lebten zusammengefasst nur 373 Kinder.

Daraus lässt sich schlussfolgern, dass die meisten Adoptivkinder vor ihrer Adoption schon mehrere Trennungen erlitten haben,[127] die das Kind und sein späteres Leben stark belasten. Hinzu kommt die seelische Verletzung und Enttäuschung der Kinder. Sie fühlen sich von ihren Müttern/ Eltern abgeschoben, unerwünscht und ungeliebt[128] und reagieren oft mit Verhaltensauffälligkeiten wie Enuresis (Einnässen) und Enkopresis (Einkoten), Aggressivität, Regression, Hyperaktivität, Distanzlosigkeit und Störungen im Sozialverhalten.[129]

---

[126] Die Daten zu diesem Diagramms sind der Email-Auskunft des Statistischen Bundesamtes vom August 2003 entnommen
[127] Hoksbergen, 2000, S. 268
[128] Bundesverband der Pflege- und Adoptiveltern, 1997, S. 173
[129] ebd., S.132 ff; Krolzik, 1999, S. 84; Steck, Barbara, 1998: Eltern-Kind-Beziehungsproblematik bei der Adoption, in: Praxis der Kinderpsychologie und Kinderpsychiatrie, S. 244

3.1.4 Der Familienstand der Eltern vor der Adoption des Kindes

Der Großteil der Kinder wuchs vor der Adoption in unvollständigen Familien auf, wie die Abbildung 11 belegt. Das statistische Bundesamt hat den Familienstand der Eltern vor der Adoption ihrer Kinder im Jahr 2001 errechnet:[130]

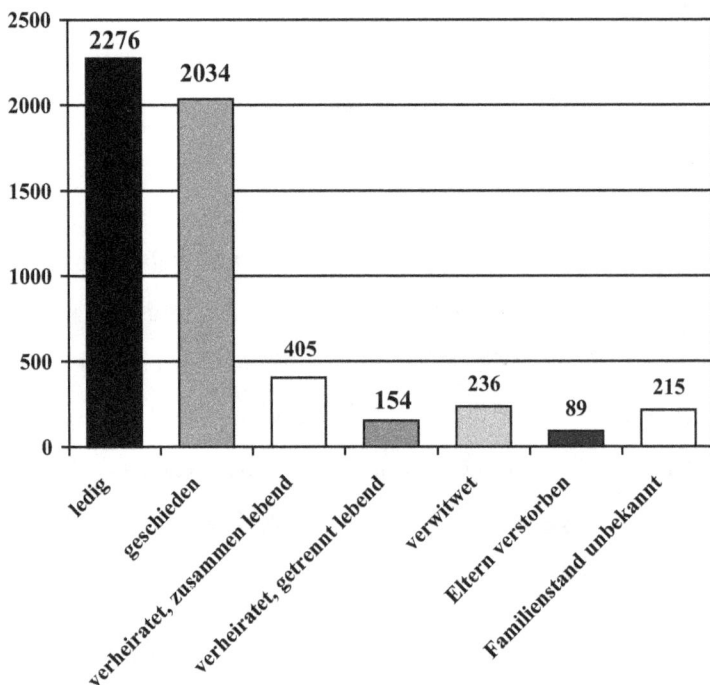

Abbildung 10: Familienstand der Eltern vor

der Adoption, im Jahr 2001

Ein sehr großer Teil Eltern der insgesamt 5909 adoptierten Kinder waren geschieden (2034 Kinder) oder lebten getrennt (154 Kinder). Scheidungen und Trennungen der Eltern sind prägende Einschnitte im Leben eines Kindes und können ein traumatisches Ereignis darstellen, insbesondere wenn sie mit viel Streit oder sogar Gewalt einhergehen. Zusätzlich bedeutet eine Trennung/ Scheidung der Eltern auch für das Kind eine Trennung von zumindest einer Bezugsperson (in der Regel dem Vater), die es nun nur noch selten und manchmal sogar gar nicht mehr sieht, weil diese sich von dem Kind abwendet oder Kontakt vom Ex-Partner unterbunden wird.

Den weitaus größten Prozentsatz stellen die ledigen Mütter/ Väter dar (dies betraf 2276 Kinder). Auch hier kann das Kind schmerzhafte Trennungen von Bezugspersonen erleben, wenn nämlich die Mutter/ der Vater in ständig wechselnden Partnerschaften lebt, zu denen dass Kind immer wieder neue Beziehungen eingeht und die im schlimmsten Fall häufig abgebrochen werden.

Traumatische Trennungen haben weiterhin die Kinder erlebt, in deren Familie ein Elternteil verstorben ist und der andere verwitwet zurückbleibt (im Jahr 2001 betraf dies 236 Kinder). In diesem Fall muss das Kind nicht nur die eigene Trauer um den verstorbenen Elternteil verkraften, sondern auch die Trauer des zurückbleibenden Elternteils.

Noch erdrückender ist die Last für die Kinder, bei denen beide Elternteile verstorben sind (89 Kinder) und es als Waisenkind

---

[130] Die Daten zu diesem Diagramm sind der Email-Auskunft des Statistischen Bundesamtes

zurückbleibt. Dies kommt jedoch in unserer heutigen Gesellschaft im Vergleich zu Zeiten des Krieges, in denen viele Kinder ihre Eltern verloren haben und als Waisen zurückblieben und aufgrund der heutigen präventiv-medizinischen Versorgung nur noch sehr selten vor.

Die Daten belegen, dass Adoptivkinder bereits durch die instabilen Familienstrukturen der Herkunftsfamilie viele Trennungen erlebt haben, die den Beziehungsaufbau und das Vertrauen in andere Personen stark beeinträchtigen können. Umso wichtiger ist es, diesen Kindern eine Familienform zu ermöglichen, in denen sie zum einen von beiden Elternteilen aufgezogen werden und zum anderen keine weiteren Trennungen mehr erfahren, die die Entwicklung einer gefestigten Persönlichkeit stören. Dabei kann die Adoption eine geeignete Maßnahme sein, da sie zum Ziel die Bildung einer vollständigen Familie hat und eine lebenslange Bindung und Verpflichtung an das Kind bedeutet.

3.2 Das Leben in der Adoptivfamilie

3.2.1 Die Eingliederung des Kindes in die neue Familie

Nicht nur Kinder benötigen ihre Zeit zur Eingewöhnung, sondern auch die Eltern.[131] Für sie geschieht die Annahme des Kindes in der Regel sehr plötzlich und unvorbereitet. Zwar warten die Eltern bereits sehr lange auf das ersehnte Kind und befassen sich häufig mit dem Gedanken, doch wenn der Anruf des Jugendamtes kommt, der besagt, dass ein Kind für sie zur Adoption freistehe, so kann diese Nachricht eine Schockreaktion herbeiführen. Meistens geschieht dann alles sehr schnell und die „werdenden" Eltern haben nur sehr wenig Zeit, ihre Entscheidung für oder gegen dieses Kind zu bedenken und befinden sich in einer extremen Stresssituation.[132] Der Handlungszwang kann dazu führen, dass die Adoptivbewerber sich vorschnell für ein Kind entschließen, obwohl dieses nicht ihren Vorstellungen und Erwartungen entspricht. Besonders das Wissen um die lange Wartezeit sowie die Angst, nur diese einzige Möglichkeit zu haben, ein Kind zu bekommen, verstärken den Entscheidungsdruck.[133]

Fällt die Entscheidung zugunsten des Kindes aus, so wird es von heute auf morgen in das Leben der Eltern eingegliedert und stellt das vorherige Lebenskonzept auf den Kopf. Anders als bei Eltern, die sich während der Schwangerschaft neun Monate mit dem

---

[131] Adoptionsberatung online, September 2003, „die erste Zeit",
http://www.adoptionsberatung.at/index.php/article/articleprint/29/-1/36/
[132] Hennig, 1994, S. 106; Textor, September 2003, http://people.freenet.de/Textor/Wissen.html

ungeborenen Kind und der Geburt auseinandersetzen konnten, eine emotionale Bindung zu dem Kind aufbauen, es wachsen sehen und fühlen konnten, tritt bei den Adoptiveltern unvermittelt ein fremder Mensch in ihr Leben, dem sie Liebe und Schutz geben sollen.[134]

Die Eingewöhnung kann zusätzlich dadurch erschwert werden, dass (gerade ältere) Kinder keine äußeren und inneren Merkmale der Familienzusammengehörigkeit aufweisen, was sich während des Heranwachsens noch verstärkt.[135] Der fremde Körper oder der fremde Geruch kann bisweilen Abneigung bis hin zur Aversion hervorrufen.[136] Ältere Kinder haben zudem bereits eine eigene Persönlichkeit entwickelt, die die Adoptiveltern erst einmal kennen lernen müssen, um die Fremdheitsgefühle zu überwinden.[137] Können diese nicht überwunden werden und wächst die Familie nicht zusammen, so kann es zum Abbruch und Scheitern des Adoptivverhältnisses kommen.

Bei Säuglingen ist das Fremdheitsgefühl dagegen aufgrund der Hilfsbedürftigkeit und des „Kindchen-Schemas", das Menschen zur Versorgung und Pflege des Säuglings animiert geringer, so dass sich schneller Elterninstinkte einstellen und die Integration leichter wird.[138] Dies ist wohl einer der Gründe, warum sich die meisten Adoptiveltern einen Säugling zur Adoption wünschen.

---

[133] ebd.
[134] Textor, September 2003, http://people.freenet.de/Textor/Wissen.html
[135] Baethge, Gisela, 1993: Ängste und unbewusste Phantasien in Adoptivfamilien, in: Praxis der Kinderpsychologie und Kinderpsychiatrie, S. 53
[136] Schleiffer, Roland, 1999: Dissozialität bei Adoptivkindern – Folge sozialer Elternschaft?, in: Pflege-kinder und Adoptivkinder im Focus, S. 173 ff
[137] Hennig, 1994, S. 107
[138] Hennig, S. 107

Es ist also nicht verwunderlich, dass demnach Fremdadoptionen vermehrt im Kindesalter von 1-3 Jahren geschehen.[139] Im Jahr 2001 waren von 2226 Fremdadoption 80 Kinder bis zu einem Jahr alt und 1203 Kinder zwischen dem 1. und 3. Lebensjahr. Mit steigendem Alter sinken die Fremdadoptionen, wie die folgende Abbildung 12 zeigt:[140]

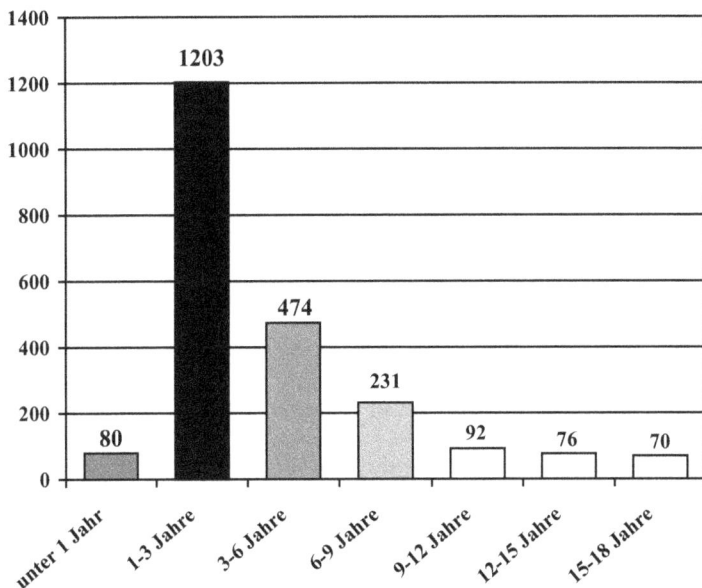

Abbildung 11: Das Alter der fremdadoptierten Kinder

bei der Adoption, im Jahr 2001

---

[139] Ebertz, Beate, 1987: Adoption als Identitätsproblem. Zur Bewältigung der Trennung von biologischer Herkunft und Sozialer Zugehörigkeit, S. 27, hat in diesem Zusammenhang die Adoptionsvermitt-lungsdaten von 1983 missgedeutet, indem sie behauptete, dass in Deutschland die meisten Adoptionen in höherem Kindesalter, über 3 Jahre, geschehen. Dabei hat sie die wichtige Unterteilung in Fremd- und Stiefkindadoptionen übersehen, denn bei letzteren (die prozentual häufigste Form der Adoption) finden in der Tat eher Spätadoptionen statt.

[140] vgl. Abb. 3; Daten zu diesem Diagramm sind Email-Auskunft des Statistischen Bundesamtes vom August 2003 entnommen

Bei den meisten Adoptionen, die über das 9. Lebensjahr des Kindes hinaus abgeschlossen werden, handelt es sich mit großer Wahrscheinlichkeit um Stiefkindadoptionen, die in diesem Fall zu vernachlässigen sind..

Ein weiterer Grund, warum Fremdadoptionen im möglichst frühen Kindesalter stattfinden (sollten), ist darin zu sehen, dass sich die Eingliederung des Kindes in die neue Familie umso schwieriger gestaltet, je älter es bei der Adoption ist.[141] Es ist davon auszugehen, dass das Kind bis zu diesem Zeitpunkt ein sehr unstetes, wechselhaftes Leben mit vielen Negativerfahrungen geführt hat, welche Auswirkungen auf sein zukünftiges Leben haben. Hoksbergen[142] spricht von einem „negativ gefüllten `Rucksack'" den das Kind bei der Einführung in die neue Familie mit sich trägt. Die Folge kann sein, dass das Kind bereits zahlreiche Störungen in sein neues Leben mitbringt, auf die sich die Adoptiveltern erst einstellen und den Umgang damit lernen müssen. Der Aufbau einer emotionalen Bindung zu den neuen Bezugspersonen ist im höheren Kindesalter stark erschwert.[143] Oft zieht sich das Kind anfangs zurück, lehnt teilweise Köperkontakt und die liebevolle Zuwendung der Adoptiveltern ab, leidet unter Schlafstörungen und Albträumen, nässt ein und be-

---

[141] Adoptionsberatung online, September 2003, „die erste Zeit",
http://www.adoptionsberatung.at/index.php/article/articleprint/29/-1/36/
vgl. auch Hennig, 1994, S. 114
[142] Hoksbergen, 2000, S. 268
[143] ebd.

darf daher sehr viel Zuneigung und Verständnis durch die Adop-tiveltern.[144]

Darüber hinaus ist es wichtig, dass die Adoptiveltern über die Vergangenheit, die Herkunft und die Gründe der Freigabe des Kindes durch die Adoptionsvermittlungsstelle soviel wie möglich erfahren. Nur so können sich die Adoptiveltern genauestens auf die Bedürfnisse des Kindes und die möglicherweise entstehenden Probleme im gemeinsamen Zusammenleben vorbereiten.[145] Dabei können besonders die vielen Gruppen und Vereine für Adoptiv- und Pflegeeltern sehr hilfreich sein. Der stete Austausch zwischen den potenziellen und schon existieren Adoptiveltern kann Ängste und Unsicherheiten abbauen sowie emotionale Unterstützung und Hilfe bei bestehenden Problemsituationen bie-ten. Der Adoptionsvermittler sollte immer auf diese Gruppen ver-weisen.

Es darf nicht vergessen werden, dass die (älteren) Kinder trotz der teilweise verheerenden Lebensverhältnisse, in denen sie zuvor lebten, ihre Eltern und vor allem auch ihre Geschwister nach wie vor sehr lieben und vermissen und zunächst über ihren großen Trennungsschmerz hinwegkommen müssen. Sie müssen sich durch Trauerarbeit von ihrem bisherigen Leben, ihren Eltern und ihren Verwandten ablösen, um sich für die neue Familie öffnen zu können.[146] Erschwerend kommt für das Kind hinzu, dass es sich die Gründe, warum es von seinen Eltern verlassen und fort-

---

[144] Hoksbergen, 2000, S. 268; Adoptionsberatung online, September 2003, „Babys",
http://www.adoptionsberatung.at/index.php/article/articleprint/30/-1/70/, S. 3
[145] ebd.; Kasten, 2000, S. 164

gegeben wurde, nicht erklären kann, sodass die Enttäuschung und Wut gegenüber den leiblichen Eltern auf die neuen Eltern übertragen werden können.[147] Die Adoptiveltern sollten daher für diesen Trauerprozess sehr viel Verständnis zeigen und den Kindern die Zeit geben, die Trennung zu verarbeiten.

Besonders in der ersten Zeit der Eingewöhnung und Integration zweifeln die Adoptiveltern oft an ihrer getroffenen Entscheidung, wenn sich ihre Wünsche nicht in erhoffter Form sofort erfüllen. Die Eingewöhnungszeit kann teilweise sehr lange dauern und verläuft laut Nienstedt und Westermann[148] in drei Phasen:

(1) Anpassungsphase:

In der ersten Zeit verhält sich das Kind zunächst meist sehr angepasst an seine neue Familie und Umgebung. Es ist verunsichert und ängstlich, muss sich erst wieder neu orientieren und ist auf den Schutz und das Wohlwollen der neuen Bezugspersonen angewiesen. Erst wenn das Kind in seinem neuen Umfeld und neuen Lebenssituation Sicherheit und Vertrautheit erlangt hat, beginnt die zweite und gleichwohl schwierigste Phase der Integration.

(2) Konfliktwiederholung:

In dieser zweiten Phase steht das Kind im Loyalitätskonflikt mit seinen leiblichen Eltern und seinen neuen Adoptiveltern. Das Kind befindet sich in einem Zwiespalt, den es auszugleichen gilt, indem es alte Verhaltensweisen, den es in der

---

[146] Steck, 1998, S. 244-247
[147] Steck, 1998, S. 246 ff

Herkunftsfamilie gelernt hat, nun auch in der Adoptivfamilie praktiziert.[149] Dieses für die Adoptiveltern meist schockierende und unerwartete Verhalten mit seinen Beschimpfungen und Provokationen kann einen Konfliktherd im neuen Familienleben darstellen. Zeigten sich die Adoptiveltern vom anfänglich unkomplizierten und angepassten Traumkind positiv überrascht und fühlten sie sich gar geschmeichelt, so sehen sie sich jetzt der totalen Überforderung ausgesetzt und stoßen an ihre persönlichen Grenzen.[150] Die große Belastung sowie die Zweifel an der eigenen Erziehungsfähigkeit und der persönlichen Eignung als Eltern führen in dieser Zeit häufig zum Abbruch der Adoption.

(3) Regression:

Hat das Kind nun genügend Vertauen zu den neuen Eltern gefasst, fällt es in frühkindliche Verhaltensweisen zurück, die nicht altersentsprechend sind. Es beginnt wieder in seiner Babysprache zu sprechen, will teilweise gefüttert werden oder die Babyflasche zum Trinken benutzen usw.. Auf diese Weise sollen von der Herkunftsfamilie unbefriedigte Bedürfnisse wie Nähe, Fürsorge und Körperkontakt nachgeholt werden.[151] Erst wenn alle drei Phasen, die sich gewöhnlich über einen Zeitraum von 1-3 Jahre erstrecken, überwunden

---

[148] Das Drei-Phasen-Modell von Nienstedt/Westermann wurde aus den Beschreibungen des Handbuchs vom Bundesverband für Pflege- und Adoptiveltern entnommen, S. 118-121
[149] Kasten, 2000, S. 178 ff
[150] Bundesverband der Pflege- und Adoptiveltern, 1997, S.119
[151] Kasten, 2000, S. 165

wurden, war der Integrationsprozess erfolgreich und die Familie kann zusammenwachsen.

Um dem Kind jedoch die Eingewöhnung etwas zu erleichtern, gibt es einige hilfreiche Möglichkeiten, die Anwendung finden sollten. So ist eine Vorbereitung auf die Adoption nicht nur für die Adoptiveltern sinnvoll, sondern auch für die Kinder. Besonders ältere Kinder sollten durch die Heimaufsicht oder die Pflegeeltern mit Fotos und Informationen behutsam mit den neuen Eltern bekannt gemacht werden, sodass sie ihre Scheu und Angst verlieren.[152] Säuglinge sollten sich durch regelmäßigen Besuchskontakt an die neuen Eltern gewöhnen.

Die Trennung vom bisherigen Zuhause wird vom Kind oft als sehr schmerzhaft erlebt. Daher sollte das Kind die Möglichkeit haben, seine eigenen, persönlichen Gegenstände wie Spielzeug, Kleidung etc. mit in die Familie bringen zu dürfen.[153] Die Eltern demonstrieren somit Respekt und Akzeptanz gegenüber der Vergangenheit des Kindes und zeigen, dass diese nicht verleugnet oder ausgelöscht wird. Für das Kind bedeutet das eine Erleichterung bei der Trauerarbeit, die es in dieser Zeit zu leisten hat.

Des Weiteren kann ein strukturierter Tagesablauf mit festen Regeln dem Kind helfen, sich in sein neues Leben gut einzufinden. Das Kind ist zunächst überwiegend damit beschäftigt, die neuen

---

[152] Adoptionsberatung online, September 2003, „die erste Zeit",
http://www.adoptionsberatung.at/index.php/article/articleprint/29/-1/36
[153] ebd.

Bezugspersonen kennen zu lernen. Um das Kind in der Anfangs-
zeit nicht zu überfordern ist es sinnvoll, Verwandtenbesuche einige Zeit aufzuschieben.[154]

3.2.2 Gründe für ein Misslingen der Adoption

Statistisch gesehen finden die meisten Adoptionsabbrüche oder
Pflegeabbrüche sowie eine damit verbundene neue Umplatzie-
rung des Kindes in den ersten zwei Jahren des familiären Zu-
sammenlebens statt.[155] Die Gründe hierfür sind vielfältig und lassen sich nicht monokausal erklären.[156] Kasten[157] spricht von
einem „Zusammenwirken von Risiko- (bzw. Schutz-) Faktoren",
die auf Seiten der Kinder, der Adoptiveltern und der Adoptionsvermittlungsstelle existieren und die entweder ein Gelingen oder
ein Scheitern der Adoption bewirken können.

Ein bedeutsamer Punkt, der einen Risikofaktor für das Scheitern
des Eltern-Kind-Verhältnisses darstellt, scheint die desolate
psychische Verfassung des Kindes zum Zeitpunkt der Adoption
zu sein. Wie bereits ausführlich dargestellt, weisen die meisten
Kinder multiple Verhaltensauffälligkeiten auf, die eine Eingliederung in eine Familie derart erschweren, dass die Eltern, trotz
ihres großen Willens und Engagements, den Belastungen, die das

---

[154] Adoptionsberatung online, September 2003, „die erste Zeit",
http://www.adoptionsberatung.at/index.php/article/articleprint/29/-1/36
[155] ebd.
[156] Kasten, 2000, S. 158-169
[157] ebd., S. 167

Leben mit dem Kind mit sich bringt, nicht mehr standhalten können.[158]

Bei der Adoptionsvermittlungsstelle kann unzureichende Vorbereitung und Beratung verantwortlich für das Scheitern einer Adoption sein. Wie schon erwähnt sind zahlreiche, detaillierte Informationen über das Kind und seine Biografie für die Adoptiveltern notwendig, um ihre Entscheidung für dieses bestimmte Kind mit all seinen möglichen Konsequenzen wohl zu überlegen. Auch mangelnde Nachbetreuung und unterstützende Hilfen können schwer wiegende Folgen für die Adoptivfamilie haben.[159]

Kasten[160] empfiehlt, während des Adoptionsprozesses einen „Hilfe- und Unterstützungsplan" aufzustellen, indem telefonische Kontakte, Hausbesuche etc. zwischen den Adoptiveltern und der Adoptionsvermittlungsstelle weitgehend vorgeplant werden. Der Sozialpädagoge hat somit die Möglichkeit, in Konflikt- und Krisensituationen noch vor der Eskalation zu intervenieren und den Abbruch der Adoption abzuwenden.

Leider sind nicht alle Adoptiveltern dazu bereit, die nachbetreuenden Hilfen in Anspruch zu nehmen.[161] Viele haben den Wunsch, ihre Elternschaft selbstständig zu entwickeln und wollen aus der schon lange währenden Abhängigkeit zu den Jugendämtern ausbrechen. Sie verfolgen das Ziel einer „normalen" Familie. Dabei weisen viele Autoren darauf hin, dass Adoptiveltern,

---

[158] vgl. Kasten, 2000, S. 160
[159] ebd., S. 165
[160] ebd.
[161] Schikorra, Irmgard, 1993: Voraussetzungen für die Beratung von Adoptiveltern nach erfolgter Adoption, in: Adoption: Grundlagen, Vermittlung, Nachbetreuung, Beratung, S. 191; Wollek, Werner, 1999: Offene Adoption oder Inkognito? Zu den Bedingungen gelingender Verhältnisse, in: Unsere Jugend,

die ihren „Sonderstatus" akzeptieren und nicht verleugnen, die Basis für das Gelingen einer Adoption schaffen.[162]

Um diese Akzeptanz zu erreichen, wäre es für die Praxis sinnvoll, wenn die Fachkräfte schon im Vorfeld, noch während der Adoptionseignungsprüfung, mit den Adoptiveltern ein Konzept zur Nachbetreuung erstellen, dem die Adoptiveltern zustimmen müssen, wie es z.b. im diakonischen Werk Bayern praktiziert wird.[163] Stimmen die Bewerberpaare in dieser Zeit dem Konzept der Nachbetreuung nicht zu, gilt dies in dieser Einrichtung als Ausschlusskriterium für eine Adoption.[164] Wichtig ist allerdings für die Eltern zu erkennen, dass die Fachkräfte der Adoptionsvermittlungsstellen nicht kontrollieren und maßregeln wollen, sondern einzig als Berater in ihrem Sinne und dem des Kindes agieren. Hier ist ein hohes Maß an Professionalität der Fachkraft gefordert, um den Eltern während der nachbetreuenden Hausbesuche ein positives, partnerschaftliches Gefühl zu geben.

Wie bereits festgestellt wurde, gehören die meisten Adoptivbewerber einer höheren sozialen Schicht an, sodass sich der Status des Kindes nach der Adoption in der Regel verbessert. Es ist allerdings stark umstritten, ob ein deutlich höherer sozialer Status für das Kind von Vorteil ist. Mit Sicherheit wird durch die hohen Einkommensverhältnisse eine Verbesserung der materiellen Versorgung des Kindes gewährleistet und der hoch anzusiedelnde

---

S. 51
[162] Textor, 1993, S. 44
[163] vgl. das Nachbetreuungskonzept des diakonischen Werkes Bayern, vorgestellt von Jänsch-Kraus, Gudrun, 1993, Betreuung von Adoptivfamilien nach Inlandsadoptionen, in: Adoption: Grundlagen, Vermittlung, Nachbetreuung, Beratung, S. 194-204
[164] ebd., S. 110

Bildungsstandard der Eltern lässt darauf schließen, dass auch dem Kind eine gute Schulbildung zuteil wird. Dennoch kann die Vermittlung in eine weitaus höhere Gesellschaftsschicht auch viele Schwierigkeiten mit sich bringen. Teilweise werden zu hohe Erwartungen und Anforderungen an das Kind gestellt,[165] die es aufgrund seiner Entwicklungsrückstande, der intellektuellen Fähigkeiten und auch der genetischen Veranlagung, nicht erfüllen kann. Insbesondere in den schulischen Leistungen kann das Kind immer stärker unter Druck geraten, um den Anforderungen seiner Eltern gerecht zu werden und um dasselbe Bildungsniveau zu erreichen.[166] Wird das Kind diesen Erwartungen, trotz größter Bemühungen, nicht gerecht, können starke Selbstzweifel, Resignation und Minderwertigkeitsgefühle auf Seiten des Kindes und Enttäuschung auf Seiten der Eltern die Folge sein.[167]

Deshalb werden in der Adoptionsvermittlungspraxis besonders ältere Kinder, die eine andere Gesellschaftsschicht kennengelernt haben, vorwiegend an Paare vermittelt, die einer ähnlichen sozialen Schicht wie die der Herkunftsfamilie angehören.[168]

Umgekehrt können sich auch zu geringe Ansprüche an das Kind nachteilig auf die Entwicklung des Eltern-Kind-Verhältnisses auswirken. Haben die Eltern kein Vertrauen in die Fähigkeiten des Kindes und führen dessen „schlechte" Verhaltensweisen immer wieder auf dessen Herkunft, sowie die „schlechte" Veranlagung zurück, die es durch die leiblichen Eltern mitbekommen

---

[165] Kasten, 2000, S. 163
[166] ebd., S. 161
[167] Hennig, 1994, S. 109

hat, wird die Integration des Kindes höchstwahrscheinlich fehl-schlagen.[169]

Weiterhin sind auch zu hohe Erwartungen der Adoptiveltern an das entstehende Familienleben ebenfalls mögliche Faktoren, die das Scheitern einer Adoption begünstigen. Viele Paare erhoffen sich durch das Kind die Erfüllung eines lang ersehnten Lebenstraumes; das Kind soll Glück und Freude in ihr Leben bringen.[170] Oft sind an das Adoptivkind genaue Vorstellungen und Wünsche geknüpft die mit Hilfe der Adoptiveltern erfüllt werden sollen, aber die Individualität des Kindes nicht mit berücksichtigen. Beginnt das Kind einen anderen Weg einzuschlagen oder verhält es sich anders als die Eltern es sich erhofft hatten, ist die Enttäuschung weitaus größer, als begleiteten sie flexibel und unvoreingenommen die Entwicklung des Kindes.[171]

3.2.3 Die Aufklärung des Kindes über die Adoption

Eine der wichtigsten Aufgaben im Erziehungskonzept der Adoptiveltern ist die Aufklärung des Kindes über seinen Adoptivstatus.[172] Die Adoptionspraxis ist sich heute weitgehend darüber einig, dass sich die Aufklärung über die Adoption sowie der

---

[168] Gauly, Knobbe, 1993, S. 90; Wollek, 1999, S. 151 ff
[169] Hennig, 1994, S. 109-110
[170] Adoptionsberatung online, „die erste Zeit", 01. September 2003, http://www.adoptionsberatung.at/index.php/article/articleprint/29/-1/36
[171] Hoksbergen, 2000, S. 279; Steck, 1998, S. 255
[172] Steck, 1998, S. 248

offene und ehrliche Umgang damit positiv für ein vertrauens-volles Eltern-Kind-Verhältnis auswirken[173].

Leider ist dies bis heute immer noch nicht die Regel in den Adoptivfamilien. Insbesondere wenn Säuglinge und Kleinkinder in die Familie aufgenommen werden, die sich nicht mehr bewusst an die eigene Adoption erinnern können, scheinen immer noch einige Adoptiveltern zu versuchen, die doppelte Elternschaft und die Adoption des Kindes zu verleugnen, um den Schein einer normalen Familie zu wahren.[174] Diese Eltern wollen ihren Son-derstatus und den Unterschied zu leiblichen Familien, der nun einmal besteht, nicht anerkennen und beginnen Lügen rund um das Familienleben zu spinnen und bauen dadurch ein großes Familiengeheimnis auf.

Kinder sind in der Regel jedoch sehr sensibel und spüren schnell, wenn in ihrem Familienleben oder gar mit ihnen selbst etwas nicht stimmt.[175] Trotz aller Vertuschungen ahnen oder empfinden sie ihre Andersartigkeit, können sich diese aber nicht erklären und reagieren mit Irritation und Verwirrung.[176] Besonders das Fehlen von äußerlichen Gemeinsamkeiten mit anderen Familien-mitgliedern kann das Kind in diesem Zusammenhang miss-trauisch werden lassen und dazu führen, dass das Kind diesen Ungereimtheiten auf den geht und zu recherchieren beginnt.[177] Die Gefahr, dass das Kind auf Umwegen im Laufe seines Lebens

---

[173] Textor, September 2003, http://people.freenet.de/Textor/Wissen.html
[174] Paulitz, 1997, S. 22
[175] Levend, 1994, S. 44
[176] Baethge, 1993, S. 50
[177] ebd., S. 22 ff

von der eigenen Adoption erfährt, ist dabei relativ hoch. So kann es geschehen, dass das Kind durch Dritte wie Bekannte oder Verwandte, über seinen Adoptivstatus aufgeklärt wird. Nicht selten findet das Kind zufällig beim Durchsuchen von elterlichen Schubladen und Schränken, in denen sich die Adoptionsdokumente befinden, Hinweise für seine Adoption.

Die Wege der unerwünschten Offenbarung sind vielfältig und treffen die Familie fast immer unvorbereitet. Die darauf folgende Familienkrise nimmt jedoch meist dramatische Ausmaße an, die durch den Vertrauensbruch auch zu einem Beziehungsabbruch führen können.

Daher sollte die Aufklärungsarbeit schon in frühen Jahren beginnen und von Anfang an ein Thema in der Familie sein. Ein guter Ansatz dafür besteht immer dann, wenn die Kinder auf eigene Initiative hin fragen, woher sie kommen und ob sie auch, wie die anderen Kinder, im Bauch der Mutter waren,[178] was ungefähr im Alter zwischen drei und fünf Jahren geschehen dürfte.[179] Altersadäquate Literatur, die sich auf kindliche Weise mit dem Thema Adoption befasst, kann den Eltern diese schwierige Aufgabe erleichtern.[180] In diesem Alter ist es eher unwahrscheinlich, dass das Kind die Bedeutung seines Adoptivstatus versteht. Das Wissen darum entwickelt sich langsam in den darauffolgenden Jahren, in denen das Kind immer wieder von neuem Fragen

---

[178] Paulitz, 2000, S. 22; Adoptionsberatung online, September 2003, „Kleinkinder und Vorschüler (2-6 Jahre)", http://www.adoptionsberatung.at/index.php/article/articleprint/32/-1/71/
[179] Hoksbergen, 2000, S. 271
[180] ebd. , S. 284

stellen wird. [181] Deshalb ist die Aufklärung auch als andauernder Prozess zu sehen, der den Eltern immer wieder von neuem Antworten zur Adoption und zur Herkunft des Kindes abverlangt.[182] Eltern, die sich viel mit der Herkunft ihres Kindes befassen und viele Informationen zum Leben des Kindes und der leiblichen Eltern gesammelt haben, können so dem Kind bei der Verarbeitung der doppelten Elternschaft und bei der Identitätsentwicklung helfen.[183] In dieser Angelegenheit sollte auch die Adoptionsvermittlungsstelle mit Daten und Fakten, die sie möglichst ausführlich im Interesse des Kindes in ihren Akten zusammengefasst hat, zum Austausch bereit sein und der Familie zur Seite stehen, denn das Kind wird einen großen Wissensdrang über seine Vergangenheit und für seine leibliche Eltern entwickeln.

---

[181] Textor, September 2003, http://people.freenet.de/Textor/Wissen.html
[182] Hoksbergen, 2000, S. 271
[183] ebd., S. 283

3.3 Der Familienroman und Identitätsfindung adoptierter Kinder und Jugendlicher

3.3.1 Familienromanphantasien adoptierter und nicht-adoptierter Kinder

Das Wissen um die Adoption und die eigene Herkunft sowie der offene Umgang damit ist für eine tragfähige Eltern-Kind-Beziehung und für das gegenseitige Vertrauen unerlässlich. Umgekehrt bedeutet die Kenntnis der doppelten Elternschaft für das Adoptivkind eine Vielzahl von Schwierigkeiten, die in Verbindung mit der Identitätsfindung auftreten.[184]

Jeder Mensch erschafft sich in seiner Kinder- und Jugendzeit einen eigenen, persönlichen „Familienroman",[185] der als Ablösungs- und Abgrenzungsprozess von den Eltern verstanden werden kann, um somit eine eigene Identität und Individualität herauszubilden.

Dieser entsteht langsam im Kindesalter von 4-5 Jahren, in dem das Kind seine intellektuellen Fähigkeiten entwickelt. Bis zu diesem Alter werden die Eltern des Kindes allgemein stark idealisiert und mit ausschließlich positiven Merkmalen belegt. Mit steigendem Alter beginnt das Kind, die Eltern mit anderen zu vergleichen und kann mit einsetzender Kritikfähigkeit Unter-

---

[184] Wollek, 1999, S. 150

schiede zu anderen feststellen. Das Kind ist in diesem Alter jedoch noch nicht fähig, einer einzigen Person gleichzeitig Attribute wie „gut" und „schlecht", „lieb" und „böse" zuzuordnen und muss, besonders in Streitsituationen mit den Eltern, in denen es sich persönlich zurückgesetzt fühlt, mit Phantasien und Vorstellungen die eigenen Eltern aufwerten.[186] Dabei zweifelt das Kind in seiner Imagination seine Eltern als „wirkliche" leibliche Eltern an und träumt, es stamme von anderen, besseren Eltern ab. Konflikte können auf diese Weise vom Kind überbrückt und kurzzeitig gelöst werden und die Phantasien nehmen wieder ab.[187]

Häufig wird bei diesen Träumereien auf Erfahrungen und Erlebnisse im realen Leben zurückgegriffen, in dem die Eltern beispielsweise Märchenfiguren, die das Kind aus Geschichten kennt, darstellen oder gütige und warmherzige Besitzer eines Schlosses sind.[188] Gleichzeitig gewinnt auch das Kind mit dieser Aufwertung der Eltern, das schließlich von diesen erfundenen, omnipotenten Personen abstammt, an Selbstachtung.[189] In der Regel stellen sich diese Phantasien, wenn der Streit und die Ärgernisse überwunden wurden, langsam wieder ein und das Kind kann in die Realität zurückkehren und seine Eltern als „gute und liebe" Eltern annehmen.

---

[185] Der Familienroman ist das von jedem Menschen entwickelte bewusste und unbewusste Phantasiebild der eigenen Herkunft und Familie, dessen Begriff von Freud geprägt wurde, vgl. Swientek, 1993, S. 18 ff; Steck, 1998, S. 250 ff; Wollek, 1999, S. 150
[186] Ebertz, 1987, S. 31; Freud, Sigmund, 2000: Der Familienroman der Neurotiker, in: Adoptivkind - Traumkind in der Realität, S. 27
[187] Steck, 1998, S. 250
[188] Freud, 2000, S. 28

Für Adoptivkinder gestaltet sich der Übergang zur Realität weitaus problematischer, denn die Phantasien von den idealen Eltern sind nicht nur reine Fiktion wie bei Nichtadoptierten, sondern richten sich an real existente Personen.[190] Der Weg zurück in die reale Eltern-Kind-Beziehung stellt insofern ein Problem dar, da das Kind nicht die Notwendigkeit sieht, seine Aufteilung in gute und schlechte Eltern aufzuheben und gleichzeitig menschliche Eigenschaften in einer Person bzw. in einem Elternpaar zu vereinen.[191] Adoptivkinder bedienen sich somit häufiger und bis zu einem höherem Alter der Familienromanphantasien.

Wie bereits erwähnt, ist die Inkognito-Adoption heutzutage, obwohl sich Adoptionsforscher eindeutig gegen diese Art der Adoption aussprechen und der Trend langsam zur offenen Adoption geht, nach wie vor eine häufige Form der durchgeführten Fremdadoptionen. Kinder, die inkognito adoptiert wurden, haben in ihrem bisherigen Leben ihre leiblichen Eltern weder jemals gesehen noch gesprochen oder sie gehört, sodass diese ihnen völlig unbekannt sind. Das Adoptivkind ist also darauf angewiesen, sich ein eigenes Bild von den leiblichen Eltern in seiner Phantasie zu produzieren, „von denen es meist wenig zu wissen und viel zu vermuten gibt". [192]

Die meisten Adoptivkinder, wenn sie über ihre Adoption aufgeklärt wurden, befassen sich gedanklich sehr häufig mit ihren

---

[189] Wendels, Claudia, 1991: Die Verarbeitung der Adoptionsfreigabe bei Adoptierten. Eine empirische Untersuchung zum Phänomen der Familienromanphantasien, in: Unsere Jugend, S. 5
[190] Wendels, 1991, S. 5
[191] ebd.
[192] Swientek, 1993, S. 19

leiblichen Eltern, insbesondere mit der Mutter, die sie ausgetragen und auf die Welt gebracht hat. In ihren Gedanken wird eine innere Bindung zu den leiblichen Eltern aufgebaut, bei der sie in ständigem Kontakt zu ihren „wahren" Eltern stehen und stille Gespräche mit ihnen führen.[193]

Adoptivkinder müssen für sich den Versuch unternehmen, Motive und Erklärungen zu finden, warum sie verlassen wurden und warum die eigene Mutter sie nicht lieben konnte. Das Kind ist nicht in der Lage, eine Abwertung der leiblichen Eltern zu akzeptieren, und sucht die Schuld für das Verstoßen-Worden-Sein bei sich selbst und dem eigenen Wesen und kann somit seine Loyalität den leiblichen Eltern gegenüber bewahren. Es erlebt die Trennung der Mutter als sehr schmerzhafte, narzisstische Kränkung[194] und entwickelt Vorstellungen darüber, dass es ein schlechtes, hässliches und nicht liebenswertes Kind gewesen sein muss, sodass die Mutter keine andere Wahl hatte als das Kind fortzugeben. Minderwertigkeits- und Schuldgefühle, die die Identitätsentwicklung negativ beeinflussen, sind die Folge.

In der Phantasie und den Träumen des Adoptivkindes entstehen Mythen und Märchen um die biologischen Eltern, die in den Augen des Kindes an der Freigabe zur Adoption unschuldig gewesen waren. Das Kind entschuldigt beispielsweise die Handlungsweise seiner Eltern damit, dass es möglicherweise den leiblichen Eltern gestohlen worden sei[195] oder dass sie von bösen

---

[193] Steck, 1998, S. 246
[194] Baethge, 1993, S. 54
[195] Steck, 1998, S. 248

Mächten dazu gezwungen wurden, es als Kind abzugeben. Adoptivkinder empfinden dabei oft eine starke Sehnsucht nach ihren leiblichen Eltern und erhoffen sich eine Wiedervereinigung und Zusammenführung mit ihrer verlorenen Mutter und ihrem verlorenen Vater.[196]

Steck[197] zitiert zur Verdeutlichung dieser Phantasien ein achtjähriges, adoptiertes Mädchen aus der eigenen Praxis, um dieser Problematik Ausdruck zu verleihen:

> „Ein Babyvogel ist geflogen und hat sich verloren. Der Vater des kleinen Vogels findet ihn wieder und bringt ihn der Mutter, die auf ihr Baby wartet, als Überraschung zurück."

Nicht selten werden die Adoptiveltern als die Schuldigen an der Trennung zwischen dem Kind und den leiblichen Eltern betrachtet, die das Kind aus egoistischen Gründen den „echten" Eltern weggenommen hätten. Das Kind spaltet seine biologischen und seine sozialen Eltern in „gut" (= leibliche Eltern) und „böse" (= Adoptiveltern), um für sich einen Sinnzusammenhang für das ihm zugeteilte Schicksal zu erhalten. Besonders wenn es mit den Adoptiveltern zu Streitigkeiten oder zu Verboten kommt, verstärken sich diese Gefühle und die Unterteilung in Bezeichnungen wie, „gute" und „schlechte" Eltern, in „richtige" und „falsche" Eltern. In solchen Situationen wird häufig die Tatsache der doppelten Elternschaft und der scheinbar gerechteren und

---

[196] Steck, 1998, S. 246

besseren leiblichen Eltern als Druckmittel von den Adoptivkindern benutzt, die die Adoptiveltern wiederum sehr verunsichern und schmerzen.[198]

In einigen Phantasien Adoptierter herrscht jedoch ein genau umgekehrtes Bild. So sehen einige Kinder und Jugendliche in ihren Vorstellungen die Adoptiveltern als Retter, die sie vor den unmoralischen, verkommenen leiblichen Eltern befreit und ein besseres Leben ermöglicht haben.[199] Dieses Bild von den leiblichen Eltern kann sich noch umso mehr verstärken, wenn die Adoptiveltern diese in ihren Schilderungen ins schlechte Licht rücken. Oft fühlen sich diese Adoptierte zu großem Dank ihren Adoptiveltern gegenüber verpflichtet und stehen in ihrer Schuld.

3.3.2 Der Identitätskonflikt adoptierter Jugendlicher

Die Jugendzeit und die Pubertät bedeutet für jeden Menschen die Zeit der Ablösung von seinem Elternhaus und der Entwicklung einer eigenen Identität. Diese beschreibt Swientek[200] als „das Konzept, das jeder Mensch von sich selber hat (...) und in Prozessen sozialer Interaktion und individueller Reflexion (entsteht)". Das eigene, intrapersonale Bild, das jeder Mensch von sich selber hat (persönliche Identität) muss demnach in Einklang

---

[197] ebd.
[198] Wendels, 1991, S. 5 ff
[199] ebd., S. 6

mit dem Bild, den Vorstellungen und Forderungen gebracht werden, die andere Menschen über einen besitzen (soziale Identität).[201] Das Selbstbild entsteht also durch ständige Kommunikation und Interaktion sowie durch die Erwartungen und Forderungen der anderen Menschen im sozialen Umfeld, bei dem sich der Mensch dauernd der Selbstreflexion unterwirft, um so eine Gleichheit und Kontinuität des Ich-Bewusstseins zu erlangen.

Die Bewältigung der Identitätsfindung und die damit verbundene Loslösung von den Eltern ist für Adoptierte in der Regel mit weitaus größeren Schwierigkeiten verbunden als dies ohnehin schon für Nichtadoptierte der Fall ist. Adoptierte reagieren äußerst sensibel auf Trennungssituationen. Die frühkindliche Trennung von der leiblichen Mutter ist für das Kind ein tief erschütterndes Erlebnis, welches es ein ganzes Leben begleitet und starke Verlustängste hervorruft.[202] Meist tragen der häufige Wechsel und die Trennungen von weiteren wichtigen Bezugspersonen wie Heimaufsichten, Pflegeeltern etc. zusätzlich ihren Teil dazu bei, dass sich diese Ängste verstärken und sich kein Urvertrauen heraus bilden kann. Die Abnabelung von den Adoptiveltern und vom Zuhause wird für viele Adoptierte daher sehr kompliziert und kann auch eine Vermeidung dieser für die Identitätsbildung wichtigen Trennung zur Folge haben.

---

[200] Swientek, 1993, S. 23
[201] Swientek, 1993, S. 23
[202] ebd.; das Thema Trauma wird im nächsten Kapitel noch genauer reflektiert

Die unbekannte Herkunft lastet zusätzlich auf dem pubertierenden Adoptivkind und erschwert eine Standortbestimmung und Einordnung in die Gesellschaft. Adoptierte erleben häufig das Gefühl des Andersartigseins, das sie von anderen Gleichaltrigen unterscheidet und sie sich schnell abgesondert fühlen lässt. Das äußere Erscheinungsbild und das Temperament, das aufgrund der genetischen Erbanlagen oft stark von dem der Adoptivfamilie abweicht, bestätigt sie in ihrem Fremdheitsgefühl. Die Identifikation mit den Adoptiveltern wird dadurch noch schwieriger.

Das Wissen, dass neben den Adoptiveltern auch noch die leiblichen Eltern existieren, von denen meist nur wenige Informationen vorliegen, behindert die Entwicklung einer gesunden und stabilen Ich-Identität. Mit der doppelten Elternschaft hat das heranwachsende Adoptivkind die Möglichkeit, sich entweder mit den real zur Verfügung stehenden Eltern oder mit den im Familienroman phantasierten leiblichen Eltern zu identifizieren, was gleichzeitig auch eine Identifikation mit den entweder guten oder mit den schlechten Eigenschaften der Eltern bedeutet.[203] Ein zu langes Verharren in den Familienromanphantasien und die damit fehlende Auseinandersetzung mit der Realität, hemmen die wichtige Loslösung von den leiblichen Eltern und somit den individuellen Reifungsprozess.[204]

Die Frage warum man von der Mutter/ dem Vater unerwünscht war und wieso ausgerechnet man Selbst zur Adoption freigegeben wurde erhält für den Adoptierten einen zentralen Stellenwert

---

[203] Wollek, 1999, S. 150

in seinem Leben.[205] Die tiefgreifende Kränkung nicht gewollt und somit nichts wert zu sein, hinterlässt eine große seelische Wunde und zieht häufig ein negatives Selbstwertgefühl und Selbstbildnis nach sich. Der Gedanke der eigenen Schuld für die unzureichende Liebe der Mutter führt bei vielen Adoptierten zu tiefen Depressionen und bestätigt die Adoptierten in ihrer Annahme, dass sie schlecht seien.[206] Ausreichende Informationen über die leiblichen Eltern und deren Freigabegründe können die Vorstellungen und Gefühle zumindest etwas mindern und bei der Verarbeitung der eigenen Adoption helfen.

Nicht selten empfinden sich adoptierte Kinder und Jugendliche als zweite Wahl der Adoptiveltern, die schließlich keine Auswahlmöglichkeiten hatten, sondern das Kind nehmen mussten, welches zur Vermittlung zur Verfügung stand. Sie sehen sich als Lückenfüller für das gewünschte, aber nicht gezeugte Kind, und wurden dann noch nicht einmal um ihrer Selbst willen adoptiert, sondern weil dies für die Adoptiveltern die letzte Gelegenheit auf ein Kind war.[207] Die Empfindungen, wertlos und minderwertig zu sein, verstärken sich.

Viele Adoptivkinder beginnen in dieser schwierigen Zeit, ihre Adoptiveltern und deren Zuneigung zu testen, indem sie mit provozierendem Verhalten gegen die Werte und Normen der Familie rebellieren. Sie müssen sich immer wieder von neuem der Liebe ihrer Adoptiveltern vergewissern, da sie schließlich schon einmal

---

[204] Baetghe, S. 52
[205] Swientek, 1993, S. 29
[206] Levend, 1994, S. 46

aus mangelnder Liebe verlassen und verstoßen wurden. In den Augen der Adoptierten kann sich dieser Vorgang bei den Adoptiveltern wiederholen. Das Vertrauen in die eigene Selbstwertigkeit und in die Beziehung zu den Adoptiveltern unterliegt großen Schwankungen, sodass die Adoptiveltern auf die Probe gestellt werden müssen, um das volle Vertrauen des Kindes zu gewinnen. Die Auflehnung und Herausforderung der Eltern kann sogar bis hin zu kleinkriminellen Handlungen wie Stehlen, Drogenkonsum und -Handel oder Sachbeschädigungen führen. Auch das Weglaufen von zu Hause gehört zum häufigen Muster adoptierter Kinder und Jugendlicher, mit denen die Liebe und Zuwendung der Adoptiveltern überprüft werden sollen und gleichzeitig Ausdruck der eigenen Ziellosigkeit.[208] Angesichts dieser Ausschreitungen werden die Adoptiveltern auf eine harte Probe gestellt, die bis an die Grenzen ihrer Kräfte gehen und sogar einen Abbruch des Eltern-Kind-Verhältnisses als schwerwiegende Konsequenz nach sich ziehen kann.

3.3.3 Psychiatrische Auffälligkeiten als Folge der Adoption?

Die Kindheit und Jugend des Adoptivkindes verläuft anders als bei Nicht-Adoptierten. Das Adoptivkind, wie auch die Adoptiveltern, hat sich mit vielerlei Schwierigkeiten auseinander zu setzen,

---

[207] Swietnek, 1993, S. 28
[208] Adoptionsberatung online, September 2003, http://www.adoptionsberatung.at/ index.php/article/articleprint/31/-1/73/

die es großen emotionalen Schwankungen unterwirft, welche sich bis hin zu psychiatrischen Auffälligkeiten entwickeln können. Es ist daher nicht verwunderlich, dass adoptierte Kinder und Jugendliche etwa doppelt so häufig in Kinder- und Jugendpsychiatrien und ähnlichen Einrichtungen vorstellig werden als es ihrem prozentuellen Anteil in der Gesamtbevölkerung entspricht.[209]

Diese erschreckenden Zahlen erwecken den Eindruck, dass Adoptionen als Jugendhilfemaßnahmen zu einem großen Teil misslingen und sie sich anscheinend eher negativ auf das Kindeswohl auswirken. In der Adoptionsliteratur[210] wird darüber diskutiert, ob Gründe für den hohen Anteil adoptierter Kinder und Jugendlicher in therapeutischen Einrichtungen im psychosozialen Kreis der Adoptivfamilien und der Adoption an sich zu suchen sind oder ob andere Faktoren auf diese Entwicklung Einfluss nehmen. Schleiffer präzisiert diese Thematik, indem er die Frage stellt „Adoption: psychiatrisches Risiko und/ oder protektiver Faktor?".[211] Dabei werden unter einem psychiatrischen Risiko Einflüsse biologischer, psychologischer und sozialer Natur verstanden, die die Entwicklung des Menschen nachhaltig stören und die Entstehung pathogener Auffälligkeiten begünstigen bzw. die Wahrscheinlichkeit dieser erhöhen.[212] Protektive Faktoren zeichnen sich im Gegensatz dazu als Schutzfunktionen aus, die sich positiv auf die Entwicklung auswirken und bereits bestehende

---

[209] Schleiffer, 1997, S. 646; Jungmann, 1980, S. 226
[210] Leider gibt es zu dem meiner Meinung nach sehr brisantem Thema „Adoptivkinder und Psychiatrie" nur sehr wenig Literatur und noch viel weniger Studien oder Statistiken, die diese Problematik genauer untersuchen und beschreiben.
[211] Titel des Aufsatzes von Schleiffer, 1997, S. 645
[212] Schleiffer, 1997, S. 646 und 1999, S. 163

Risikofaktoren abschwächen können, sodass sich die Wahrscheinlichkeit einer psychischen Störung minimiert.

Betrachtet man die Biografien von Adoptivkindern, so wird deutlich, dass sie bereits durch ihre prägende Vorgeschichte, die meist durchzogen ist mit traumatischen Erlebnissen und emotionaler Vernachlässigung, ein erhöhtes psychiatrisches Risiko mit in die Adoptivfamilie bringen. Die Folgen der oft zahlreichen negativen Erfahrungen, die Adoptivkinder in ihrem frühem Leben machen mussten, leben in der bewussten oder unbewussten Erinnerung des Kindes weiter und drängen zu einem späteren Zeitpunkt, meist in der Pubertät, wieder an die Oberfläche.

Besonderes Interesse bei der Erforschung der psychologischen Risikofaktoren sollte dem Trauma bzw. dem posttraumtischen Belastungssyndrom[213] zukommen, das vom Kind bei der Trennung von seiner Mutter erlebt wird und die Nancy Verrier als „Basisverletzung" des jungen Menschen beschreibt.[214] Als Trauma werden Ereignisse bezeichnet, die plötzlich mit großer schmerzhafter Intensität über den Menschen hereinbrechen und seine Psyche mit deren Verarbeitung absolut überfordern.[215] Ebenso wie diese Reizüberflutung kann auch ein extremer Mangel an Stimulierung, wie er bei der Deprivation vorkommt, als

---

[213] F43.1 nach ICD-10
[214] Zitat nach Hoksbergen, 2000, S. 266
[215] Diepold, Barbara, 1998: Schwere Traumatisierungen in den ersten Lebensjahren. Folgen für die Persönlichkeitsentwicklung und Möglichkeiten psychoanalytischer Behandlung, in: Traumatisierung in Kindheit und Jugend, S. 131

traumatisch erlebt werden. Beobachtbare Auswirkungen sind Hospitalismus und anaklitische Depressionen.[216]

Wird das Trauma in sehr jungen Jahren oder gar in den ersten Lebensmonaten erlebt, stehen dem Kind jedoch noch keine Strukturen zur Verfügung, um diese Erlebnisse zu verarbeiten. Die Auswirkungen sind innerliche Anspannungen, die u.a. Ausdruck im Schreien und der Bewegungsunruhe, wie vermehrtes Strampeln usw. finden.[217] Es wurde beobachtet, dass diese Kinder während des Heranwachsens im besonderen Maße zu Wutausbrüchen und zu hoher Impulsivität neigen.

Die Verarbeitung der Traumatisierung in frühen Kinderjahren beginnt erst zu einem späterem Zeitpunkt, wenn das Kind langsam ein Ich-Gefühl entwickelt. Nach Diepold[218] unterscheidet man zwei Grundmuster, nach dem traumatisierte Kinder reagieren: entweder fallen sie durch dissoziales, aggressives und hyperkinetisches Verhalten auf oder durch anklammerndes, depressives Verhalten bis hin zur Erstarrung. Dies wird durch die Beobachtungen von u.a. Schleiffer bestätigt, der bei adoptierten Jungen eine Häufung an dissozialen Verhaltensauffälligkeiten feststellte.[219] Es ist zu vermuten, dass besonders Jungen durch dieses nach außen gerichtete Verhaltensgrundmuster auffallen, während Mädchen, die seelische Verletzungen in der Regel anders ver-

---

[216] vgl. Endres, Manfred ; Moisl, Sibylle, 1998 : Entwicklung und Trauma, in: Traumatisierung in Kindheit und Jugend, S. 15
[217] Endres, Manfred ; Moisl, Sibylle, 1998, S. 133
[218] Diepold, 1998, S. 13; vgl. dazu auch Hoksbergen, 2000, S. 268
[219] vgl. dazu die Analyse von Schleiffer, 1997, S. 647, sowie 1999, S. 169 ff

arbeiten als Jungen, eher mit Depressivität und Distanzlosigkeit reagieren.

Wie gut Kinder das Trennungstrauma überwinden und verarbeiten, hängt besonders stark vom „Ersatzmilieu"[220] und den neuen Bezugspersonen ab. Bietet das neue Umfeld in ausreichendem Maße beständigen Rückhalt, Schutz und Fürsorge, können sich Kinder nach diesen verlustreichen Trennungserfahrungen in aller Regel normal entwickeln. Heimaufenthalte und wechselnde Pflegepersonen, wie sie die meisten Adoptivkinder erfahren, können diesen Rückhalt jedoch nicht bieten und verstärken somit das Trauma der Trennung.[221] Insofern ist es von besonderer Wichtigkeit, dass Kinder möglichst schnell und im frühen Alter an geeignete Adoptiveltern vermittelt werden, um den seelischen Schaden, der durch das Trauma verursacht wurde, so gering wie möglich zu halten. An dieser Stelle wirkt die Adoption definitiv als protektiver Faktor für Adoptivkinder.

Doch nicht nur Traumata sind für die Entstehung psychiatrischer Störungen bei Adoptivkindern verantwortlich. Als Auslöser ist auch die schwierige Phase der Identitätsentwicklung zu betrachten.[222] Diese birgt, wie im vorherigen Kapitel diskutiert, durch die doppelte Elternschaft und den Adoptivstatus, die die Bildung einer gesunden, stabilen Ich-Identität deutlich erschweren, ein hohes psychiatrisches Risiko in sich. Minderwertig-

---

[220] Endres, Moisl, 1998, S. 16
[221] Endres, Moisl, 1998, S. 16
[222] Schleiffer, 1997, S. 651

keitsgefühle können sich manifestieren und in autoaggressives oder suizidales Verhalten umschlagen.

Auch eine genetische Disposition muss als Risikofaktor für psychiatrische Auffälligkeiten in Betracht gezogen werden,[223] sodass beim Adoptivkind von einer erhöhten Vulnerabilität auszugehen ist. Nicht selten weisen die leiblichen Eltern zum Zeitpunkt der Adoptionsfreigabe selbst psychische Störungen oder Erkrankungen auf. Zwar wird häufig darüber diskutiert, inwieweit man einer genetischen Veranlagung eine Bedeutung zumessen darf. Dennoch scheinen neue Forschungen darauf hinzuweisen, dass psychiatrische (wie auch andere) Krankheiten genetisch vererbbar sind und sich die Wahrscheinlichkeit, selbst zu erkranken enorm erhöht, wenn beide Elternteile betroffen sind. Beispielsweise liegt die Gefahr an einer Psychose aus dem schizophrenen Formenkreis zu erkranken, wenn beide Elterteile ebenfalls an selbiger erkrankt waren/ sind, zwischen 40-68%, während die Wahrscheinlichkeit bei nur einem schizophrenen Elternteil bei etwa 9-16% liegt.[224] Ähnliches gilt auch für Depressionen und neurotische Störungen.

Als weitere mögliche Ursachen der Überrepräsentanz von Adoptierten in Kinder- und Jugendpsychiatrien wird vielfach auch auf die hohe Bereitschaft der Adoptiveltern zurückgeführt, vermehrt Hilfen in Anspruch zu nehmen. Demnach würden Adoptiveltern schneller Beratungen und Hilfen bei Konflikten und Schwierigkeiten innerhalb der Familie in Anspruch nehmen als natürliche

---

[223] Schleiffer, 1997, S. 649

Familien, die eher versuchen, Familienprobleme eigenständig zu lösen und somit eine geringere Toleranz dem Adoptivkind gegenüber zeigen.[225] Demnach würde dies bedeuten, dass der Familienzusammenhalt in Adoptivfamilien weitaus geringer ist als in natürlichen Familien.

Dies mag in einigen wenigen Fällen, in denen der Aufbau einer Bindungsstruktur zwischen Eltern und Kind nicht gelungen ist zutreffen. Die Aufgeschlossenheit der Adoptiveltern gegenüber Hilfsangeboten ist jedoch keineswegs negativ zu bewerten. Vielmehr weist sie darauf hin, dass sich Adoptiveltern mit dem Adoptivstatus und seinen Schwierigkeiten sehr bewusst auseinandersetzen und offen gegenüber psychotherapeutischen Anregungen und erzieherischen Verbesserungsvorschlägen sind.[226] Des Weiteren sind Adoptiveltern bei der Inanspruchnahme solcher Hilfen wahrscheinlich weniger vorurteilsbehaftet, mussten sie doch vielfach selbst auf dem Weg zum Adoptivkind mehrere Institutionen durchlaufen und haben eigene Erfahrungen mit therapeutischen Einrichtungen gemacht.

Dabei darf allerdings auch nicht außer Acht gelassen werden, dass Adoptivfamilien aufgrund ihrer speziellen Lebenssituation und durch die vermehrten Problemstellungen, die sich durch die Adoption und das Leben in der Adoptivfamilie zwangsläufig ergeben, einen größeren Bedarf an therapeutischen Hilfen ha-

[224] Ammon, Marion, 2002: Kindheit und Pubertät von schizophren strukturierten Patienten, S. 28
[225] vgl. Schleiffer, 1997, S. 647; vgl. auch Wollek, 1999, S. 152
[226] Berger, 1993, S. 224

ben.[227] Dieser muss im ausreichenden Maße gedeckt werden. Bietet sich den Adoptiveltern ein umfangreiches Angebot an erzieherischen und therapeutischen Einrichtungen, werden diese höchstwahrscheinlich, aufgrund der hohen Bereitschaft der Eltern auch frühzeitig oder gar präventiv genutzt, sodass Familienkonflikte schnell überwunden werden können, bevor sie sich verstärken.

Es zeigt sich also deutlich, dass Adoptivfamilien über sehr gute psychosoziale Ressourcen verfügen, die zwar bestimmte adoptionsbedingte Schwierigkeiten nicht umgehen, aber immerhin doch abschwächen können und dem Adoptivkind auch in Krisensituationen zur Seite stehen und es unterstützen. Die vermehrten psychiatrischen Auffälligkeiten von Adoptivkindern sind also nicht unbedingt als ein Scheitern des Adoptivverhältnisses zu deuten, sondern sind wiederum Ausdruck der komplexen Lebenssituation, mit der sich Adoptivfamilien auseinandersetzen müssen.

Insofern lässt sich die Eingangs gestellte Fragestellung, ob eine Adoption ein protektiver Faktor ist, relativ eindeutig Bejahen. Mit Sicherheit weisen Adoptivfamilien einige psychiatrische Risikofaktoren auf, die auch nicht vernachlässigt werden dürfen, doch wiegen sie im Verhältnis nicht so hoch, wie die protektiven Faktoren. Die Alternativen, die einem Kind, das von seinen leiblichen Eltern nicht versorgt werden kann, an Stelle einer Adoption geboten werden könnten, wie Heimaufenthalte mit

---

[227] Berger, 1993, S. 224

abwechselnder Rückkehr zu den Eltern, Pflegefamilien oder auch das Leben in der sozial schwachen Herkunftsfamilie, bieten definitiv weniger Chancen für das Kind als auch eine weniger stabile Grundlage für eine positive Persönlichkeitsentwicklung.

4. Zusammenfassung

In dieser Arbeit wurde versucht, eine Antwort auf die Frage zu finden, ob die Adoption eine sinnvolle Jugendhilfemaßnahme darstellt und dem Kind eine neue, bessere Lebensperspektive ermöglicht als dies mit anderen Maßnahmen und Hilfen erreicht werden kann.

Dazu musste das Adoptivkind im Kontext der Adoptionstriangel betrachtet werden, um positive und negative Folgen der Adoption zu fokussieren. Nur im Zusammenhang mit dem Gesamtbild war es möglich festzustellen, dass die Adoption, vorausgesetzt sie gelingt, durchaus eine wirksame Jugendhilfemaßnahme ist und in der Tat dem Kind aus sozial schwacher Herkunftsfamilie ein weitaus besseres Leben ermöglichen kann.

Es wurde allerdings auch festgestellt, dass der Erfolg einer Adoption abhängig von unterschiedlichen Faktoren ist, die unbedingt beachtet werden müssen, um die verheerenden Auswirkungen eines Adoptionsabbruches zu vermeiden. Dabei wären zu nennen:

1. Die Beratungs- und Hilfsangebote der Adoptionsvermittlungsstellen, die einen evidenten Beitrag zum Gelingen einer Adoption leisten. Erfahrungen zeigen, dass ein gut organisiertes und umfassendes Beratungs- und Aufklärungsangebot Adoptiveltern helfen, Krisensituationen innerhalb der Adoptivfamilie zu überstehen. Eine dauernde partnerschaftliche Begleitung durch das Jugendamt bzw. die Adoptionsvermittlungsstelle, kann Adoptivfamilien ganzheitlich unter-

stützen und in Konfliktsituationen intervenieren, sodass Abbrüche von Adoptionsverhältnissen vermeidbar werden. Allerdings weist die Literaturanalyse immer wieder darauf hin, dass dieses Angebot Deutschland im Gegensatz zu anderen Ländern noch sehr dürftig ist. Nur vereinzelte Projekte setzen auf neue Konzepte in der Adoptionsberatung.

2. Bestimmte Eignungskriterien der Adoptivbewerber sind ausschlaggebend für den Umgang mit dem Adoptivkind und dem Adoptivstatus und folglich auch für gutes Eltern-Kind-Verhältnis. Bei den Bewerbungsverfahren muss besonders auf die Belastbarkeit, Toleranz, Erziehungshaltung und Fähigkeit zur Problemlösung geachtet werden. Die Adoptionsfachkraft hat diese Eigenschaften der Adoptivbewerber zu erkennen und zu bewerten. Durch die in dieser Arbeit durchgeführte Untersuchung von 42 Adoptivbewerbern konnte festgestellt werden, dass (potenzielle) Adoptiveltern viele Ressourcen in unterschiedlichen Lebensbereichen aufweisen, sodass von einem Gelingen der Adoption auszugehen ist.

3. Der Zeitpunkt der Vermittlung des Kindes ist von großer Bedeutung und hat großen Einfluss auf das Gelingen oder Misslingen einer Adoption. Je älter das Kind bei der Adoption ist, desto eher ist die Wahrscheinlichkeit, dass eine Eingliederung in die Familie nicht gelingt. Die negativen Erfahrungen, die ältere Kinder bis zu diesem Zeitpunkt erlebten, haben meist so gravierende Spuren in der Psyche des Kindes hinterlassen, dass der Aufbau einer Eltern-Kind-Beziehung und

einer vertrauensvollen Bindung bei diesen Kindern nur noch in seltenen Fällen erfolgreich verläuft. Umso deutlicher wird, dass die Adoption oft viel zu spät als Jugendhilfemaßnahme in Betracht kommt. Die Forderung, dass Jugendhilfemaßnahmen noch früher und weniger bürokratisch greifen müssen, soll hier noch einmal Anklang finden.

4. Ein offener Umgang mit der Adoption, sowohl im sozialem Umfeld als auch innerhalb der Familie, erleichtert die Entstehung eines vertrauensvollen und ehrlichen Eltern-Kind-Verhältnisses und fördert eine gesunde Identitätsbildung des Adoptivkindes.

5. Die Jugendzeit des Adoptierten kann für die Familie zur großen Belastungsprobe werden. Die Verarbeitung der eigenen Adoption ist für das Adoptivkind ein krisenreicher Prozess, bei dem es im Loyalitätskonflikt mit den leiblichen und den Adoptiveltern steht. Die Identitätsentwicklung verläuft weitaus komplizierter als bei Nicht-Adoptierten Jugendlichen. Traumatische und verdrängte Erfahrungen gelangen wieder an die Oberfläche und müssen verarbeitet werden. In dieser Zeit entscheidet sich, ob das Familienbündnis stark genug ist, um diese Krisen zu überwinden. Stehen die Adoptiveltern in dieser schwierigen Zeit trotzdem zu ihrem Kind, kann die Adoption als gelungen betrachtet werden.

Empirische Studien zur Adoptionsforschung sind in Deutschland äußerst selten, sodass über die Höhe der Abbruchquoten von Adoptionen keine statistischen Zahlen vorliegen. Eine Aussage darüber, wie häufig Adoptionen im Verhältnis zu den erfolgreich zusammengeführten Adoptivfamilien scheitern, kann demnach nicht getätigt werden, was allerdings zur Bewertung von Adoptionen eine entscheidende Rolle spielt. Geht man jedoch davon aus, dass ein Großteil der Adoptionen glücklich, sowohl für das Adoptivkind und als auch für die Adoptiveltern verlaufen, stellt diese Form der Familienbildung definitiv eine positiv zu bewertende Alternative dar. Zwar werden an Adoptivfamilien hohe Anforderungen gestellt, doch verfügen sie auch über sehr viel Potenzial und Kraft, um diesen standzuhalten und um ein harmonisches Familienleben zu führen.

Die Adoption bietet „elternlosen" Kindern die einzige Möglichkeit, ein intaktes Familienleben kennen zu lernen. Im Gegensatz zur Adoption sind Pflegefamilien meist nur von begrenzter Dauer und dadurch auch sehr unbeständig oder sogar unverbindlich (denn ein Pflegekind kann anders als bei einem Adoptivkind abgelehnt oder weiter vermittelt werden, wenn es sich nicht in die Familie integrieren). Auch ist es sehr wahrscheinlich, dass die emotionale Bindung zwischen Pflegekind und Pflegeeltern aus diesem Grund sich nicht so eng entwickelt, wie dies bei Adoptivkind und Adoptiveltern der Fall ist (bzw. sein sollte).

Die Rückkehrchancen zur Herkunftsfamilie wird bei Pflegefamilien nie aus den Augen verloren wodurch viele Kinder einem andauernden Wechsel von Bezugspersonen unterworfen. Um dies zu vermeiden kann nur eine feste, kontinuierliche und stabile Beziehung, wie sie bei einer Adoption entsteht bzw. entstehen sollte, eine Grundlage für ein gesundes Heranwachsen eines Kindes angesehen werden.

- Verzeichnisse -

Abbildungsverzeichnis

Abbildung 1: Schulausbildung der Adoptivbewerber........ 54

Abbildung 2: Berufsabschluss der Adoptivbewerber 55

Abbildung 3: Art der Beschäftigungsverhältnisse der
              Adoptivbewerber 57

Abbildung 4: Berufbereich der Adoptivbewerber 58

Abbildung 5: Gemeinsamen Durchschnittsbrutto-
              einkommen pro Monat 59

Abbildung 6: Anteile bekannter Adoptivfamilien im
              Umfeld 67

Abbildung 7: Gewünschter Zeitpunkt des Kontaktes
              zwischen Kind und leiblichen Eltern 82

Abbildung 8: Gewünschte Art des Kontaktes zwischen
              Kind und leiblichen Eltern 83

Abbildung 9: Der Aufenthalt der Adoptivkinder vor ihrer
              Adoption, im Jahre 2001 96

Abbildung 10: Der Familienstand der leiblichen Eltern vor
              der Adoption, im Jahr 2001 98

Abbildung 11: Das Alter der fremdadoptierten Kinder bei
              der Adoption, im Jahr 2001 103

Tabellenverzeichnis

Tabelle 1: Zufriedenheit im Beruf 60

Tabelle 2: Zufriedenheit in der Partnerschaft 62

Tabelle 3: Zufriedenheit mit der Freizeitgestaltung 64

Tabelle 4: Zufriedenheit mit den sozialen Kontakten 65

Tabelle 5: Zufriedenheit mit der familiären Situation 65

Tabelle 6: Bereitschaft zur Annahme eines behinderten

Kindes 77

Literaturverzeichnis

Ammon, Maria (2002): Kindheit und Pubertät von schizophren strukturierten Patienten. Psychiatrie Verlag, Bonn

Arndt, Joachim (1993): Beratung ungewollt kinderloser Ehepaare. In: Hoksbergen, Renè A. C.; Textor, Martin R. (Hrsg.): Adoption: Grundlagen, Vermittlung, Nachbetreuung, Beratung. Lambertus Verlag, Freiburg im Breisgau, S. 144-158

Bach, Rolf P. (2000): Adoption und Verwaltungsrecht – Reformbedarf im Adoptionswesen. In: Paulitz, Harald (Hrsg.): Adoption, Positionen, Impulse, Perspektiven. Verlag C.H. Beck, München, S. 42-65

Bach, Rolf P. (2000): Ein zeitgemäßes Adoptionsmodell – Adoptionshilfe – eine defizitäre Pflichtaufgabe. In: Paulitz, Harald (Hrsg.): Adoption, Positionen, Impulse, Perspektiven. Verlag C.H. Beck, München, S. 295-302

Baer, Ingrid (2000): Gesetzlicher Auftrag der Adoptionsvermittlung – Historischer Abriss. In: Paulitz, Harald (Hrsg.): Adoption, Positionen, Impulse, Perspektiven. Verlag C.H. Beck, München, S. 19-26

Baethge, Gisela (1993): Ängste und unbewusste Phantasien in Adoptivfamilien. In Zeitschrift: Praxis der Kinderpsychologie und Kinderpsychiatrie, 42, Vandenhoek & Ruprecht, S. 49-55

Berger, Margarete (1993): Beratung von Adoptivfamilien. Die Beratung kinderpsychiatrisch – kinderpsychotherapeutische Perspektive. In: Hoksbergen, Renè A. C.; Textor, Martin R. (Hrsg.): Adoption: Grundlagen, Vermittlung, Nachbetreuung, Beratung. Lambertus Verlag, Freiburg im Breisgau, S. 223-231

Bundesverband der Pflege- und Adoptiveltern, (1997): Handbuch für Pflege- und Adoptiveltern: pädagogische, psychologische und rechtliche Fragen des Adoptions- und Pflegekinderwesens – Informationen von A-Z. 5. Aufl., Schulz-Kirchner, Idstein

Diepold, Barbara (1998): Schwere Traumatisierungen in den ersten Lebensjahren. Folgen für die Persönlichkeitsentwicklung und Möglichkeiten psychoanalytischer Behandlung. In: Endres, Manfred; Biermann, Gerd (Hrsg.): Traumatisierung in Kindheit und Jugend. Ernst Reinhardt Verlag, Basel, S. 131-142

Ebertz, Beate (1989): Adoption als Identitätsproblem. Zur Bewältigung der Trennung von biologischer Herkunft und sozialer Zugehörigkeit. Lambertus Verlag, Freiburg im Breisgau

Endres, Manfred; Moisl, Sibylle (1998): Entwicklung und Trauma. In: Endres, Manfred; Biermann, Gerd (Hrsg.): Traumatisierung in Kindheit und Jugend. Ernst Reinhardt Verlag, München, S. 11-28

Freud, Sigmund (2000): Der Familienroman der Neurotiker. In: Harms, Edda; Strehlow, Barbara (Hrsg.): Adoptivkind – Traumkind in der Realität. Psychoanalytische Einblicke in die Probleme von adoptierten Kindern und ihren Familien. 4. Aufl. Schulz-Kirchner Verlag, Idstein, S. 27-31

Gauly, Bernward; Knobbe, Wieland (1993): Auswahl und Beratung von Adoptionsbewerbern. In: Hoksbergen, Renè A. C.; Textor, Martin R. (Hrsg.): Adoption: Grundlagen, Vermittlung, Nachbetreuung, Beratung. Lambertus Verlag, Freiburg im Breisgau, S. 158-167

Hagens, Cornelia von (2000): Unfreiwillige Kinderlosigkeit – ein brennendes Problem - Aus medizinischer Sicht. In: Paulitz, Harald (Hrsg.): Adoption, Positionen, Impulse, Perspektiven", Verlag C.H. Beck, München, S. 121-133

Hennig, Claudia (1994): Adoption: Problem oder pädagogische Chance. Peter Lang GmbH, Europäischer Verlag der Wissenschaften, Frankfurt am Main

Hoksbergen, Renè A. C. (2000): Adoptivkinder und ihr Ringen mit ihrem familiären Hintergrund. In: Paulitz, Harald (Hrsg.): Adoption, Positionen, Impulse, Perspektiven. Verlag C. H. Beck, München, S. 261-274

Hoksbergen, Renè A. C. (2000): Ein zeitgemäßes Adoptionsmodell – Adoptiveltern: Akzeptanz ihrer spezifischen Elternrolle. In: Paulitz, Harald (Hrsg.): Adoption, Positionen, Impulse, Perspektiven. Verlag C.H. Beck, München, S. 274-285

Hoksbergen, Renè A. C.; Paulitz, Harald (2000): Ein zeitgemäßes Adoptionsmodell – Vermittlungsstellen, Jugendämter, Fachkräfte und Hilfeleister bei sozialpsychologischen Problemen. In: Paulitz, Harald (Hrsg.): Adoption, Positionen, Impulse, Perspektiven. Verlag C. H. Beck, München, S. 285-294

Jänsch-Kraus, Gudrun (1993): Betreuung von Adoptivfamilien nach Inlandsadoptionen. In: Hoksbergen, Renè A. C.; Textor, Martin R. (Hrsg.): Adoption: Grundlagen, Vermittlung, Nachbetreuung, Beratung. Lambertus Verlag, Freiburg im Breisgau, S.194-204

Kasten, Hartmut (2000): Scheitern von Adoptiv- und Pflegeverhältnissen. In: Paulitz, Harald (Hrsg.): Adoption, Positionen, Impulse, Perspektiven. Verlag C.H. Beck, München, S. 157-184

Kunkel, Peter-Christian (2000): Adoption und Verwaltungsrecht – Adoptionsverfahren als Verwaltungsverfahren. In: Paulitz, Harald (Hrsg.): Adoption, Positionen, Impulse, Perspektiven. Verlag C.H. Beck, München, S. 27-42,

Krolzik, Volker (1999): Adoptionen – Alternative oder Ergänzung der Hilfen zur Erziehung?. In: Krolzik, Volker (Hrsg.): Pflegekinder und Adoptivkinder im Focus. 1. Aufl., Schulz-Kirchner Verlag, Idstein, S. 83-96

Levend, Helga (1994): Unerwünscht – und doch auserwählt. Adoptierte auf der Suche nach ihrer Identität. In Zeitschrift: Psychologie heute, 21(12), Julius Beltz Verlag, Weinheim, S. 44-50

Majewski, Brigitte und Frank (1999): Kinder alkoholkranker Mütter. In Krolzik, Volker (Hrsg.): Pflegekinder und Adoptivkinder im Focus. 1. Aufl., Schulz-Kirchner Verlag, Idstein, S. 193-205,

Oberloskamp, Helga (2000): Wir werden Adoptiv- oder Pflegeeltern. Deutscher Taschenbuch Verlag, München

Oberloskamp, Helga (1993): Das deutsche Adoptionsrecht: seine geschichtliche Entwicklung und seine gegenwärtige Ausgestaltung. In: Hoksbergen, Renè A. C.; Textor, Martin R.: Adoption: Grundlagen, Vermittlung, Nachbetreuung, Beratung. Lambertus Verlag, Freiburg im Breisgau, S. 14-30

Paulitz, Harald (1997): Offene Adoption: ein Plädoyer. Lambertus Verlag, Freiburg im Breisgau

Paulitz, Harald (2000): Gesetzlicher Auftrag der Adoptionsvermittlung – Elternlose Kinder suchen Adoptiveltern. In: Paulitz, Harald (Hrsg.): Adoption, Positionen, Impulse, Perspektiven. Verlag C.H. Beck, München, S. 1-6

Röchling, Walter (2000): Adoption. Deutscher Taschenbuch Verlag, München

Schikorra, Irmgard (1993): Vorraussetzungen für die Beratung von Adoptiveltern nach erfolgter Adoption. In: Hoksbergen, Renè A. C., Textor; Martin R. (Hrsg.): Adoption: Grundlagen, Vermittlung, Nachbetreuung, Beratung. Lambertus Verlag, Freiburg im Breisgau, S. 187-194

Schilling, Johannes (1995): Didaktik/ Methodik der Sozialpädagogik. 2. Aufl., Luchterhand Verlag GmbH, Neuwied, Kriftel, Berlin

Schleiffer, Roland (1997): Adoption: psychiatrisches Risiko und/ oder protektiver Faktor?. In Zeitschrift: Praxis der Kinderpsychologie und Kinderpsychiatrie, Vandenhoek & Ruprecht, 46, S. 645-659

Schleiffer, Roland (1999): Dissozialität bei Adoptivkindern – Folge sozialer Elternschaft?. In: Krolzik, Volker (Hrsg.): Pflegekinder und Adoptivkinder im Focus. Schulz-Kirchner Verlag, Idstein, S. 161-177

Stadt Dortmund, Jugendamt – Adoptionsdienst (1999): Adoption – Annahme als Kind.

Steck, Barbara (1998): Eltern-Kind-Beziehungsproblematik bei der Adoption. In Zeitschrift: Praxis der Kinderpsychologie und Kinderpsychiatrie, 47, S. 240-262,

Swientek, Christine (1993): Beratung für ʼabgebende Mütterʼ vor und nach der Freigabe des Kindes. In: Hoksbergen, Renè A. C.; Textor, Martin R.: Adoption: Grundlagen, Vermittlung, Nachbetreuung, Beratung. Lambertus Verlag, Freiburg im Breisgau, S. 167-174

Swientek, Christine (1993): Wer sagt mir, wessen Kind ich bin – von der Adoption Betroffene suchen ihre Herkunft. Verlag Herder, Freiburg im Breisgau

Textor, Martin R. (1996): 20 Jahre Adoptionsreform – 10 Jahre Adoptionsforschung: Konsequenzen aus veränderten Sichtweisen. In Zeitschrift: Neue Praxis – Zeitschrift für Sozialarbeit, Sozialpädagogik und Sozialpolitik, 26(6), Luchterhand Verlag, Neuwied, S. 504-519

Textor, Martin R. (1993): Inlandsadoptionen: Herkunft, Familienverhältnisse und Entwicklung der Adoptivkinder. In: Hoksbergen, Renè A. C., Textor; Martin R.: Adoption: Grundlagen, Vermittlung, Nachbetreuung, Beratung. Lambertus Verlag, Freiburg

Theile, Ursel (1999): Genetische Fragestellungen bei der Beratungs- und Vermittlungsarbeit. In: Krolzik, Volker (Hrsg.): Pflegekinder und Adoptivkinder im Focus. Schulz-Kirchner Verlag, Idstein, S. 183-191

Wendels, Claudia (1991): Die Verarbeitung der Adoptionsfreigabe bei Adoptierten. Eine empirische Untersuchung zum Phänomen der Familienromanphantasien. In Zeitschrift: Unsere Jugend, 43(1), Ernst Reinhardt Verlag, München, S.4-10

Wischmann, Tewes (2000): Unfreiwillige Kinderlosigkeit – ein brennendes Problem. Aus psychologischer Sicht. In: Paulitz, Harald (Hrsg.): Adoption, Positionen, Impulse, Perspektiven. Verlag C.H. Beck, München, S. 133-143

Wollek, Werner (1999): Offene Adoption oder Inkognito? Zu den Bedingungen gelingender Adoptionsverhältnisse. In Zeitschrift: Unsere Jugend, 51(4), Ernst Reinhardt Verlag, München, S. 147-157

www.ingramcontent.com/pod-product-compliance
Lightning Source LLC
Chambersburg PA
CBHW021842290326
41932CB00064B/1211